JN240060

キャッシュレス進化論

世界が教えてくれた
キャッシュレス社会への道しるべ

安留義孝 [著]

一般社団法人**金融財政事情研究会**

はじめに

著者は2016年11月以降、20ヵ国を訪問した。出張、旅行であっても、飲食、移動、娯楽、生活必需品の購入など日常生活を送るうえで、必ず決済にはかかわる。そして、国ごとに決済の状況は異なり、その国の歴史や文化、国民性を感じさせてくれる。加えて、日本に伝わっている情報には誤りも多く、誤りではないものの、過剰な報道の結果、極端なかたちで伝わってしまっているものが多いことにも気づかされた。

著者は2年5ヵ月の月日をかけてしまったが、1つの国や地域だけではなく、欧州、北米、中国、アジアの20ヵ国、またレジ周りだけではなく、日常生活のなかでの決済をみて、多くの気づきを得た。

しかし、日本では、1つの国、1つのサービスだけの情報が点として伝わっている。また、その情報も決済だけに焦点が当てられ、付帯する、関連することがみえてこない。そのため、キャッシュレス化が進展した背景、さらにはキャッシュレス化が進展した社会の姿もみえない。これでは、施策も立てにくく、目標とするキャッシュレス社会の姿を想像することも難しい。

今回、20ヵ国の決済の状況を一冊のなかで、決済の進化に伴う小売や交通という日常生活の進化、銀行の役割の変化を横串で伝えることの必要性を感じ、筆をとった。なお、寄せ集めの他人からの情報ではなく、基本的に著者自身が現地で、この目でみて、耳で聞き、肌で感じたことを記していることに価値があると自負している。

なお、著者は金融も、経済も、小売も、ITも長年にわたり経験、担当しているような専門家ではない。そして、決済は学問ではなく、日常生活の一部と考えている。そのため、何がしかの専門家ではなく、一人の生活者の立場として執筆していることをご理解いただきたい。

この一冊が、2025年にキャッシュレス決済比率40％という目標を掲げる日本に少しでも貢献でき、目標達成の暁には、日本がいまよりも素晴らしい国となっていることを祈る。

【著者略歴】

安留　義孝（やすとめ　よしたか）

富士通株式会社 流通ビジネス本部 シニアマネージャー
1968年12月、横須賀市生まれ。1992年、明治大学商学部卒業。メガバンク系シンクタンクを経て、2001年1月、富士通株式会社に入社。コンサルティング事業本部にて、地域活性化、ヘルスケア、リスクマネジメントなどのコンサルティング業務に従事。2017年より、ビジネス、プライベートで構築した海外企業とのリレーションを生かし、海外の金融、決済領域の調査・研究、およびコンサルティング業務に従事。
　「月刊消費者信用」の長期連載に加え、「月刊金融ジャーナル」などへの寄稿、NCB Lab、セミナーインフォなどの公開セミナーでの講演多数。海外渡航国は現在42カ国。

目　次

第 1 章　決済は進化を続ける

第 2 章　日本の決済のいま

第10章　世界が教えてくれたキャッシュレス社会へ向けた道しるべ

決済は進化を続ける

1−1　物々交換から始まった決済の進化

　現在、モノやサービスなどの価値の交換は、紙幣や硬貨という現金での支払が中心である。古くは物々交換から始まり、石や貝などがその仲介の役割を担っていた。その後、持ち運びや保管の手間がかからない、幕府や藩、そして中央銀行などの権力が価値を保証する貨幣が登場した。

　そして、現金を代替する手段として、クレジットカード、デビットカード、電子マネー、スマホ決済なども利用されている。さらには、まったく権力が関与しない仮想通貨（暗号資産）という概念での価値の交換も始まった。これらが、いま話題のキャッシュレス決済である。

　欧州の一部の国では、すでに現金からキャッシュレス決済への移行期の終盤だが、日本はようやくその入口に立ったところである。

1−2　決済は歴史、文化、国民性などにより国それぞれ

　欧州、アメリカ、中国、アジアは地理的にも異なり、先進国もあれば、途上国もあり、経済発展の状況はさまざまである。そして、決済もその国ならではの特徴がある（図表1−1、1−2）。日常生活を送るうえで欠かせない決済は、その国の歴史、文化、国土、気候、産業、国民性、人口構成、生活習慣、そして銀行、ATM などの金融インフラなどが影響している。

　欧州ではカード決済が長い歴史をもつ。さらに現金流通量が少なくなると、個人間送金が必須となる。21世紀に入り先進国の仲間入りをした国では Leapfrog（リープフロッグ：段階を飛び越えて一気に進展する変化の形態）型の発展で、カード決済の歴史を経ずして、スマホ決済が中心となっている国や

図表1−1　主要国の主要決済手段①

【欧・米・豪】

	欧州				北米		豪州
	🇸🇪	🇩🇰	🇳🇱	🇬🇧	🇺🇸	🇨🇦	🇦🇺
高額 ～	VISA MasterCard Maestro VISA/V PAY	VISA MasterCard Maestro VISA/V PAY DK	VISA MasterCard Maestro VISA/V PAY	VISA MasterCard Maestro VISA/V PAY	VISA MasterCard Maestro	VISA MasterCard Maestro	VISA MasterCard e eftpos
少額		MobilePay		((•))		Interac	((•))
個人間送金	swish	twyp	Paym	venmo Zelle	Interac e-Transfer	Pay ID	

図表1−2　主要国の主要決済手段②

【アジア・アフリカ】

	アジア				中国	アフリカ	日本
	🇸🇬		🇮🇩	🇳🇵	🇨🇳		🇯🇵
高額 ～	VISA MasterCard NETS				UnionPay 銀聯 支付宝 ALIPAY 微信支付 WeChat Pay	m→PESA	VISA MasterCard
少額	大 ((•))	中小 ▦	mandiri Flazz OVO	IME pay ▦	▦		WAON nanaco ((•)) ▦
個人間送金	PAYNOW		GO PAY ▦				

(注)　著者の経験上での分類。代表的なものを記載しており、他の決済手段が利用できないわけではない。

地域もある。

中国では2004年に八十数行の銀行が共同出資する決済ネットワーク「銀聯」が構築されたことで、カード決済（ほとんどがデビットカード決済）が急速に進み、その後、少額決済分野でQRコード決済が大きく普及したが、他の東南アジアやアフリカの途上国においては、カード決済の普及という過程を飛び越えて、スマートフォン（以下、スマホ）をベースにした送金サービスが登場した。いまでは決済やその他の金融サービスがスマホベースで提供されている。

1-3　20世紀からの先進国ではデビットカードがキャッシュレス化を牽引

欧州などの20世紀からの先進国ではカード、特にデビットカードがキャッシュレス社会を牽引している。デビットカードは欧州にかかわらず、キャッシュレス化が進展する国では、Visa、Mastercardの国際ブランドのVisa Electron（ビザエレクトロン）、V Pay（ブイペイ）、Maestro（マエストロ）といった国際デビットカードも普及しているが、むしろその国独自のデビットカード決済ネットワークが構築されており、デンマークのDankort（ダンコート）、ベルギーのBancontact（バンコンタクト）などのナショナルブランドのデビットカードが広く使われている。欧州以外の国をみても、カナダのInterac（インタラック）、オーストラリアのEftpos（エフトポス）、シンガポールのNETS（ネッツ）など、ナショナルブランドのデビットカードが重要な役割を担っている。

なお、クレジットカード大国といわれるアメリカでは、現在のクレジットカードと同じ機能をもった証票は、1910年代には発行され、1920年代にはいろいろな石油会社やホテル、百貨店が発行を開始したといわれており、100年以上の歴史を有している。ただ、VisaやMastercardの2018年の年間実績

をみると、現在はアメリカにおいても決済件数では、デビットカードのほうがクレジットカードを上回っている。

1−4 カード決済の穴を埋める個人間送金

クレジットカード、デビットカードは消費者が店舗などへ支払う手段である。しかし、消費者が個人間で支払う、たとえば、割り勘の精算、町内会の会費の徴収、子どもへのお小遣いなどでは、カードを利用することはできない。その隙間を埋めるのが個人間送金である。

日本のマイナンバーに相当する国民IDを認証に用い、国内の銀行が連携する個人間送金は、スウェーデンのSwish（スウィシュ）、デンマークのMobile Pay（モバイルペイ）、シンガポールのPayNow（ペイナウ）、タイのPrompt Pay（プロンプトペイ）などがある。

個人間送金は送り手、受け手の双方が共通、もしくは連携する仕組みを利用することが前提となるため、銀行口座保有率が高い国では、銀行が連携し、サービスを構築している。

1−5 途上国ではモバイル決済がリテール金融を担う

現在でも、アジア、アフリカの途上国ではUnbanked（アンバンクド）と呼ばれる銀行口座を保有しない人の割合が高い。銀行口座保有率と比例し、デビットカード、クレジットカードの保有率も低く、カード決済端末も普及していない。しかし、携帯電話所有率は100％を超える国もあり、共通して高い。また平均年齢の若い国も多く、スマホの操作に抵抗感をもつ人は少な

い。

　それらの国の金融サービスで、最も重要となるのが国内外を含めた送金である。地方部から都市部へ、そして、海外へと出稼ぎに向かう。出稼ぎの目的は故郷への送金である。ケニアのM-PESA（エムペサ）は日本でもTV、新聞で取り上げられることが多く、一気にモバイル送金を有名にした。銀行口座保有率が低く、銀行の店舗、ATMが不足するケニアでは、M-PESAは送金にとどまらず、現金の入出金、公共料金、税金、学費などの支払にも利用され、ケニアのリテール金融を担っている。

　同様に、東南アジアでも、身近な存在である携帯電話会社が提供する個人間送金の仕組みであるカンボジアのWing（ウィング）、ミャンマーのWave Money（ウエーブマネー）などがその役割を担い、少額決済領域にも進出しつつある。

　また、インドネシアでは、日常生活に欠かせない移動手段であるバイク便からスタートしたGojek（ゴジェック）のGo Pay（ゴーペイ）、Grab（グラブ）のOVO（オボ）が金融包摂の一翼を担う。東南アジアの途上国では、銀行ではなく、携帯電話会社、移動手段という日常生活に密着したサービスがリテール金融を担っている。

1-6　スマホによる金融包摂を実現した中国

　送金から進化を遂げた代表格が、中国のAlipay（アリペイ）、WeChat Pay（ウィチャットペイ）である。Alipay、WeChat Payのブームの火付け役は紅包（ホンバオ）と呼ばれる中国のお年玉である。家族や親せき、友だちにお年玉を贈る慣習は昔からあったが、現金をやりとりせず、スマホアプリで送金できる利便性が支持され、Alipay、WeChat Pay人気に火がついた。

　そして中国では露店などの小規模な個人商店であっても、Alipay、

WeChat Pay が利用可能であり、ほとんどの店舗には QR コードが掲げられている。QR コード決済は、技術的にはシンプルで、送金サービスでは送金先の携帯電話番号を手入力していたものを、QR コードを読み込めば、一瞬で送金先（決済の場合は加盟店）を指定できるようにしたものである。操作を簡易化し、間違いを防止できるようにしたという点において、個人間送金の進化系といえる。QR コード決済は、高額なカードインフラを整備する必要がなく、簡易で安価なため、一気に中国全土に普及した。

この流れは携帯電話の普及と同じである。1990年代はじめ、日本では携帯電話は高所得者や流行に敏感な特別な人しか所有していなかった。しかしながら、アジアの都市では日本よりもはるかに早く、携帯電話が普及した。著者自身も大学生時代（約30年前）に、香港を旅行した際に、携帯電話で話しながら颯爽と歩く同世代の若者をみて驚かされた記憶がいまでも残っている。

当時、香港は固定電話網が十分に整備されておらず、固定電話網を整備するよりは、短期間に低コストで整備ができる携帯電話網を選択したからである。日本では、固定電話網が十分に整備されていたため、携帯電話網の整備を急ぐ必要はなかった。

1−7 決済は強制ではなく、自然に進化する

キャッシュレス化が進展する国をみると、政策的に進展させた国は、著者が知る限りでは韓国だけである。韓国では1997年のアジア通貨危機の対策として、政策的に年商240万円以上の店舗に対しカード決済端末の設置を義務化し、カード決済時には税制優遇し、さらには一定額以上のカード決済を行うと宝くじ購入の権利を付与するなどの特典を与えた。結果として、カード決済は進展したものの、自己破産者が増加し、景気を向上させるものではな

かった。つまり、政策的には成功とは言いがたい。キャッシュレス先進国の事例として韓国が取り上げられることもあるが、著者はあまり参考とすべき事例とは思わない。

決済は本来、政策的にコントロールされるものでもなく、当然、強制されるものでもない。日常生活の利便性の追求と IT などの進化とともに、自然に進化するものである。

1-8 決済方法は消費者が選択権をもつ

また、キャッシュレス化の進展は、銀行口座やクレジットカード保有率とは比例しない。同様に、電子マネー、スマホ決済など決済の多様化とも比例しない。さらには、カード決済端末の普及とも比例はしない。

日本は銀行口座とクレジットカード保有率は世界でもトップクラスである。そして、首都圏では、通勤者・通学者のほぼすべての人が利用するSuica、PASMO などの交通系電子マネーもある。駅の売店だけでなく、ファストフード、コンビニ、スーパーマーケット、自販機など店舗を選ばなければ、交通系電子マネーだけでも日常生活は十分に送ることができる。しかし、いまだに、駅の売店でも、現金で支払う人が多い。

同様に、先進国で最もキャッシュレス化が遅れるドイツも、銀行口座保有率は高い。そして、キャッシュカードにはデビットカード、電子マネーが付帯されている。カード決済端末も一部の小規模店舗を除けば普及している。だが、キャッシュレス化は進展していない。

つまり、消費者が決済手段の選択権をもっており、単なる決済手段の提供や決済環境の整備では、キャッシュレス化は進展しない。現金に勝る継続的な優位性を提供する必要があり、それは、日常生活にいかに溶け込むか、利便性を向上させるかということでもある。

1-9　キャッシュレス化と幸福度は相関関係にある

　国連は毎年、世界幸福度ランキングを発表している。評価指標は国民の自由度、1人当りのGDP、政治制度、社会福祉制度である。

　上位には毎年、キャッシュレス先進国と呼ばれる国々が名を連ねる。2019年のランキングでは、1位はフィンランド、以下、デンマーク、ノルウェー、アイスランド、オランダ、スイス、スウェーデン、ニュージーランド、カナダ、オーストリアがベスト10である。アメリカは19位で、日本は58位と先進国では後れをとる。ちなみに、アジアの最上位は台湾の25位である。なお、台湾は世界幸福度ランキングだけではなく、キャッシュレス化でも、日本よりも先を走っている。

　上位には社会福祉が進む北欧諸国が並ぶが、社会福祉の充実により、国を信頼し、将来の投資として、キャッシュレス決済による個人情報の提供への抵抗感も低いとも考えられる。また、逆にキャッシュレス化の進展により、小売、銀行の姿も進化し、日常生活の利便性が向上し、幸福な日常生活を送っているのかもしれない。やはり、幸福度とキャッシュレス化の進展には相関関係がある。

　余談だが、一時、日本でも若い国王夫妻の来日で大ブームとなった、世界一幸せの国のブータンは95位であり、世界幸福度の指標では上位ではない。そして、キャッシュレス化も進展していない。

1-10　生体認証は次世代の決済の主役となるか

　現在、中国ではQRコード決済が普及しているが、Alibaba（アリババ）系

のスーパーマーケット盒馬鮮生（フーマー）、KPRO（ケープロ：ケンタッキーフライドチキンの中国でのブランド）などでは顔認証決済が実用化され始め、次世代の決済手段の主役ともいわれている。ただし、中国が特殊な環境にあることを忘れてはならない。中国は国家政策として、顔認証を監視システムに採用しており、国民の抵抗感は日本と比べてはるかに低い。

　加えて、日本人はほぼすべての人がスマホを所有し、歩きスマホが社会問題になるほど、スマホが手放せない国民である。スマホなしでは生活ができない日本人に対しては「手ぶらで決済」というキャッチフレーズが心に響くとは思えない。これは顔認証だけではなく、すべての生体認証に共通していえることである。

　ただし、シリアの難民キャンプでは決済に虹彩認証が利用されている。貨幣というもの自体に価値がなく、盗難も多い。スマホなどの機器の所有者も少なく、電源、通信などの環境も悪いことから、その採用理由には納得がいく。

　生体認証は技術ありきで無理に適用するものではなく、導入するのに適した環境からスタートし、その利便性が認知されたうえで、普及を目指すべきである。そうしなければ、素晴らしい技術ではあるが、消費者に悪い印象だけを与え、その普及は遅れてしまう。すでに不適切な環境や場所での、いくつもの残念な事例が登場してしまっている。

1−11　生体認証以外にも、ウェアラブルな決済はある

　なお、生体認証ではないが、IC チップを内蔵した時計や腕輪も登場している。たとえば、2018年の韓国の平昌オリンピックでは Visa が IC チップ内蔵の手袋を発表した。さらには、スウェーデンのごくわずかの人たち（約4,500人にすぎない）が、IC チップを身体に埋め込み、認証に利用し、自販

機での決済や国鉄の乗車券として利用している。繰り返すが、ごくわずかの人たちであり、普及しているものではない。

ICチップを身体に埋め込むのはためらうが、時計や腕輪、手袋であれば、利便性は高く、生体認証よりも、普及しやすい。ただ、これらは単純にICチップを付帯する媒体が、カードやスマホから、時計、腕輪、手袋に変わったにすぎず、技術的に大きな進歩があったわけではない。

1-12 キャッシュレス化の先にある小売店の姿

欧州先進国では、国民は何かしらの決済カードを保有し、カード決済端末が街の隅々にまで行き渡っている。それらの国では、キャッシュレス決済であることを前提に、日常生活の利便性を向上させるサービスが普及している。

イギリスではSainsbury's（セインズベリーズ）やTESCO（テスコ）などの一般消費者向けの小売店では、Self-Checkout（セルフチェックアウト）、Self-Scan（セルフスキャン）、Click & Collect（クリックアンドコレクト）などのサービスが日常生活に根ざし、消費者はキャッシュレス化による利便性を享受している。

1-13 キャッシュレス化の先にある銀行の姿

スウェーデン、デンマークなど北欧諸国では、現金を扱わない銀行の店舗が登場している。店舗では現金がないため、警備も簡易にすみ、重厚な格式の高い店舗から、小規模の明るい店舗へと姿を変え、お洒落なカフェのよう

な雰囲気の店舗もある。そして、行員の役割は投資のアドバイス、住宅ローンの相談などにシフトしている。

　現金にかかわるオペレーションはATMが担うが、そのATMの数も、現金流通量に比例し、減少傾向にある。また日本以外ではATMといっても、ほとんどが出金機能のみのCD（キャッシュディスペンサー）であり、入金機能をもつATMを探すのは一苦労である。

　減少する銀行の店舗、ATMの代替手段として、銀行業界は共同で個人間送金のサービスを提供し、個人間での金銭のやりとりは、現金にかわり、スマホアプリで行われ始めている。

　また、イギリスのATOM Bank（アトムバンク）、Monzo（モンゾ）、ドイツのN26（エヌ26）などのモバイル専業銀行が登場し、その利便性から、すでに消費者の心をつかんでいる。

第 2 章

日本の決済のいま

2-1 現金を中心とした日本の決済環境

　日本の銀行口座保有率は98.2％（2017年、World Bank）と世界トップクラスを誇り、10万人当りの銀行の店舗は34.0店、ATMは127.7台である。その数は10年以上大きな変化はない。キャッシュレス化が進む欧州などの先進国では基本的には減少の一途で、経済成長が進むアジアの途上国では増加の一途だが、日本は良くも悪くも安定してしまっている。

　そして、郵便局、農協、コンビニ（ATM）が全国津々浦々まで展開され、地方都市も含めた金融包摂が実現できている。

　その恩恵を受け、給与は銀行口座に振り込まれるものの、自宅、勤務先・学校の付近はいうまでもなく、リゾート地でも、いつでも、どこでも、現金を手に入れられる環境が整う。

　紙幣もきれいで、その精巧さから偽札も限りなくゼロである。また、ある一定期間で紙幣が更新されるのも、偽造防止には役立っている。当然だが、紙幣を製造するにはコストがかかる。日本は国内で製造する技術力をもつが、その技術をもたない国は、紙幣の製造を外国に委託しなければならず、外貨の準備ができない国では、古い、汚い、疲れた紙幣が流通し続けている。

　最高紙幣が1万円で、加えて5,000円、2,000円、1,000円と4種類だが、実際流通しているのは2,000円を除く3種類であり、わかりやすい。そして1万円札1枚あれば1日の生活費には十分であり、会社の20人規模の親睦会の幹事を引き受けた場合でも、1万円札を10枚用意すれば十分で、財布にも収められる量であり、経済と紙幣のバランスは良い。なお、インドネシアの最大価値の紙幣は100,000ルピアだが、約750円の価値しかない。ちょっとした買い物でも、財布がパンパンになってしまい、その桁数から計算も混乱してしまう。

そして、コインも500円、100円、50円、10円、5円、1円と種類も適切で、見分けやすく、サイズも良い。ちなみに、50円、5円硬貨は穴が開いているが、著者は海外で穴開き硬貨は、デンマークの1クローネ、2クローネ、5クローネ硬貨しかみたことがない。非常に珍しいものである。また、オーストラリアの50セント硬貨は31.51mmで、500円硬貨の26.5mmと比べてもかなり大きい。一説では、オーストラリアは硬貨の扱いにくさが、キャッシュレス化の進展に貢献したといわている。

そして、日本の治安は良く、盗難のリスクは非常に少ない。万が一財布を落とした場合でも、他国と比べれば、見つかる可能性は非常に高い。

さらに、高額紙幣の1万円札の支払でも拒否されることはなく、POSのおかげでもあるが、日本人は計算が得意な国民であり、精算時の誤りも限りなく少ない。

2-2 意外に進んでいる日本の決済の多様化

しかし、現金決済の環境が整う日本だが、いうまでもなく、すでに現金だけで生活しているわけではない。

クレジットカードは平均2.5枚（2016年、一般社団法人日本クレジット協会調べ）保有し、首都圏をはじめ、IC乗車券が普及する地域に在住の人はSuica、PASMOなどの交通系電子マネーを日々利用している。生活圏にイオン、セブン-イレブンがあれば、同様に、WAON、nanacoも利用している。さらに、ライフスタイルに応じてスターバックスなど個店ごとの電子マネーをもつ人も多い。ECではPayPal（ペイパル）などの決済代行も利用されている。

しかし、欧州ではデビットカードがキャッシュレス決済を支えているが、日本では普及していない。ただし、日本のクレジットカードの利用方法は、

海外諸国と異なり、実質的にはデビットカードと同じともいえる。一括払いが中心であり、利用のつど、銀行口座から引き落とされることはないが、翌月の支払日の残高を意識しながら利用している人が多い。

しかし、カード決済端末の初期導入費用、決済手数料などの運用費用の捻出が困難な小規模店舗や意識的にクレジットカードなどのキャッシュレス決済を避ける店舗があるのも事実である。

そして、忘れてはならないのが、公共料金等の口座振替である。自動的に毎月、銀行口座から引き落とされ、非常に便利なサービスである。日本では多くの人が利用している。しかし、海外ではあまり利用されていないため、キャッシュレスという範疇から外されてしまうこともある。実際、報道などで使われている日本のキャッシュレス決済比率24.1％（2018年）という数字には、口座振替は含まれていない。口座振替を含む場合には、その数字は一説には60％にも達するといわれ、すでに中国と同程度である。政府が目標と掲げる2025年のキャッシュレス決済比率40％は、2018年の24.1％と同基準（口座決済を含まない）での達成は、非常に高い目標である。

2-3　IT の進化と FinTech 時代の到来

IT の進化により、FinTech（フィンテック）という言葉が新聞、TV、Web を賑わせている。FinTech とは Finance（金融）と Technology（技術）をあわせた造語である。スマホを利用した身近な、簡単な金融・決済サービスも登場している。過去には、おサイフケータイなどのサービスもあったが、正直、普及するには至ってはいない。

ただ、その頃とは時代も変わり、プレイヤー（事業提供者）も異なり、大企業だけではなく、若いセンスをもったベンチャーがさまざまなアイデア、サービスを提供している。また、技術も進化し、Blockchain（ブロックチェー

ン）などの最新の技術、Bitcoin（ビットコイン）をはじめとする仮想通貨（暗号資産）という新しい概念も登場している。

2−4　中国の経済成長と日本への影響力の増大

　中国の経済成長により、中国人観光客が激増した。そして爆買いと呼ばれる中国人の買い物は消費が落ち込む日本にとっては救いの神となっている。

　中国では、Alipay、WeChat Pay などの QR コード決済が普及している。そのため、爆買いの中国人観光客を囲い込むべく、日本の多くの小売店は Alipay、WeChat Pay の加盟店となるべく、対応に追われた。

　Alipay、WeChat Pay がマスコミで扱われる機会が増え、日本人にとっても、決済手段としての QR コードが身近なものとなった。ただし、中国への関心度の高さ、そして過度のマスコミの報道のため、海外の決済イコール QR コード決済という誤った印象を与えてしまっているのも事実である。この誤認識が、日本のキャッシュレス化を混乱へと導いてしまっているのかもしれない。

2−5　インバウンド対策としてのキャッシュレス

　さらに、観光先進国を目指す日本にとっては、2020年の東京オリンピック、2025年の大阪万博に向け、インバウンド対策の一つとして、キャッシュレス決済は注目を集めている。経済産業省などが中心となり、「キャッシュレス・ビジョン」を策定し、銀行などの金融機関だけではなく、IT、通信、小売などの異業種も含め、新しい決済サービスを提供し始めている。

ただし、インバウンド対策としての QR コード決済の普及には疑問がある。多くの欧米人は QR コード決済の利用経験はなく、Visa payWave（ビザペイウェーブ）や Mastercard Contactless（マスターカードコンタクトレス）などの NFC コンタクトレス決済を好む。中国、インドなどの QR コード決済に関するマスコミの扱いの大きさから誤解を招いているが、QR コード決済が日常生活にまで入り込んでいる国はごくわずかである。

　ちなみに、インバウンド対策での決済であれば、羽田空港、成田空港などで、Suica、PASMO などの交通系電子マネーを配布すれば十分である。宿泊は母国で事前に支払を完了している前提で、2 週間程度であれば、移動（電車、バス、タクシー）、飲食（レストラン）、物販（コンビニ、スーパーマーケット、自販機）は、特別なことをしない限りは Suica、PASMO だけでも十分に暮らしていける。また、多くの外国人観光客が訪問する店舗や施設であれば、投資対効果も見込め、機会損失を防ぐためにも、カード決済端末を導入するはずである。

　キャッシュレス化とは逆行する話となるが、欧州、アジアと比べ、日本は街中に両替所が極端に少ない。インバウンド対策では、キャッシュレス決済が可能な店舗を増やすだけではなく、両替所を増やすことも検討してほしい。キャッシュレス決済になじみのない国から、そして現金主義者も訪日することを忘れてはならない。

2-6　メガバンクのリストラはキャッシュレス化を進めるのか

　メガバンクがリストラの一環で店舗数、ATM 台数の削減を発表しているが、ATM が不足すれば、現在の現金決済に適した日本の環境の一角が崩れる。常に大量の現金を所有して歩くことは現実的ではなく、キャッシュレス決済が進展する可能性は高い。ただし、地方都市、特に IT 機器を苦手とす

る高齢者の生活環境は悪化してしまう。そして、ATMに行く回数を減らすために、大量の現金を自宅に置くようになり、振り込め詐欺が横行している現在では、自宅に現金をもつ高齢者をねらった犯罪が増加する可能性は非常に高い。キャッシュレス化の進展とともに、その流れに取り残される可能性のある高齢者などの対策は必須の課題である。

2−7　キャッシュレス化は労働力不足の対策となるか

　また、少子高齢化により、労働力不足が深刻化している。特にコンビニでは24時間365日営業の形態の維持が困難となっている。キャッシュレス化の進展により、店舗のオペレーションの効率化も期待されているが、完全キャッシュレス店舗とならない限りは、いままでの現金のオペレーションが残り、それほどの効果は期待できない。

　加えて、キャッシュレス化だけではないが、無人店舗や無人レジ店舗は消費者のニーズをとらえていないことが多く、消費者離れを起こす可能性がある。手間だけ増える生体認証は使われないだろうし、カメラで監視され続ける店舗も心理的に避けられる可能性がある。

2−8　外国人労働者がキャッシュレス化を先導するか

　2019年4月の改正入管法施行により、外国人労働者がさらに増加する。彼らは労働者として働くとともに、日本で日常生活を送ることになる。

　彼らの多くは20〜30代の働き盛りであり、母国ではモバイルによる金融サービスを利用していた層である。そして、今後も日本から母国へ送金し続

ける。

　著者は改正入管法の対象９カ国のうち、中国、タイ、インドネシア、ベトナム、カンボジア、ミャンマー、ネパールは訪問したことがある。中国はいうまでもないが、他の６カ国も、スマホによる金融サービスが金融包摂を担い、送金だけでなく、公共料金の支払、交通手段の予約・支払、一部では決済領域にも進出している（改正入管法の対象国のあと２カ国はフィリピンとモンゴル）。

　そして、外国人労働者の増加をきっかけに、彼らを対象とした金融サービスも登場することが予想される。外国人は銀行口座を開設することが難しく、電子マネーでの給与支払や、働いた分を担保とした給与の前払い（PayDay Loan：ペイデイローン）などのサービスが考えられる。若い、前向きな外国人労働者が日本の労働力不足を補うだけではなく、キャッシュレス化の先頭を走る可能性もある。

2-9　セキュリティ意識の高まりと個人情報データへの不安

　GAFA（ガーファ）とは Google（グーグル）、Amazon（アマゾン）、Facebook（フェイスブック）、Apple（アップル）のアメリカの４大 IT 企業のことを指す。彼らは消費者の情報を収集、分析し、急成長を遂げている。

　しかし、個人情報の流出などのセキュリティ事故を起こしているのも事実である。事故ではないが、この４社以外も含め、レコメンド広告などには閉口している人も多いのではないだろうか。ストーカーされている気分になることもある。

　キャッシュレスで決済することは、自分の決済情報を決済事業者に提供することでもある。セキュリティ事故の多発や、不適切、過度な個人情報の利用が進むと、その抵抗感からキャッシュレス決済を控える消費者が増加する

可能性は高い。

　日本では情報銀行という概念も出始めているが、キャッシュレス化の進展とは密接な関係にある。キャッシュレス化により、消費者の決済データが蓄積されるようになるが、消費者がキャッシュレスで決済したいと思わせる仕組みを構築してほしい。

第 **3** 章

日本の決済は
どこに向かっているのか

3−1 大規模キャンペーンがもたらしたものとは

　2025年のキャッシュレス決済比率40％に向け、政府は増税に伴うポイント還元、キャッシュレスウィークなどさまざまな施策を打ち出している。

　民間も、金融機関をはじめ、IT、EC、通信、小売などの新規参入も含め、新しいサービスを提供し、キャッシュバックやポイント還元などの大規模キャンペーンを実施している。マスコミにも大々的に取り上げられ、「キャッシュレス」という言葉と各社のサービス名の知名度向上には貢献している。

　しかし、これらは「認知」という段階にすぎない。一部の消費者はキャンペーン期間中は、キャッシュバックやポイント還元を求め、キャッシュレス決済を利用したかもしれない。ただし、継続性、汎用性という観点では目的は達成していない。

　マーケティング用語の「AIDA」での説明がわかりやすい。Attention（認知）、Interest（関心）、Desire（欲求）、Action（行動）の略語であり、消費者心理の段階を示している。

　まず、キャンペーンに参加していない消費者にとっては、Attention（認知）の段階にすぎない。著者もだが、Interest（関心）さえもない人が多かったのではないだろうか。新たに登場したQRコード決済のサービス名を知ったが、それを利用したいという感情は起きていない。

　また、キャッシュバックやポイント還元に釣られ、キャンペーン中は利用したが、終了後には利用していない人が多いのではないだろうか。Desire（欲求）は、キャッシュバック、ポイント還元という言葉に対してのみ反応したもので、QRコード決済に反応したものではない。よって、本来の目的であるQRコード決済を利用したいという、Action（行動）を喚起するものではない。

以上、昨今のキャンペーンに関する見解を述べたが、日本のキャッシュレス化の方向性には正直いくつか疑問がある。

3−2　なぜ、QR コード決済なのか

　新たに登場した、そして大規模なキャンペーンを実施している決済サービスのほとんどが QR コード決済である。首都圏を中心に普及する交通系電子マネーの Suica、PASMO などのコンタクトレス決済に比べ、消費者にとっての QR コード決済の利便性がどこにあるのか疑問である。そして、その点はまったく訴求されていない。ちなみに、オーストラリアは NFC コンタクトレス決済が普及する代表国だが、決済端末にカードやスマホをかざすだけで決済できる "Touch & Go"（タッチアンドゴー）という利便性を訴求し、ユーザーを短期間で獲得している。

　また、店舗にとっては、カード決済に比べ、QR コード決済は初期導入コスト、決済手数料が安価といわれているが、継続的なものになるとは保証されていない。QR コード決済も、継続的な事業運営のためには、だれかがコストを負担しなければならない。もし、その負担が消費者に回るのであれば、本末転倒である。

3−3　なぜ、有効にアプリを使わないのか

　アメリカでは、Starbucks Pay（スターバックスペイ）が処理件数では Apple Pay、Google Pay を上回る。Starbucks Pay はコーヒーをアプリで注文すると同時に決済も完了するため、決済という行為を意識することはな

い。スターバックスというブランドの強さもあるが、決済という行為がなく、レジで並ぶ必要がないことも人気の一因である。

中国の Alipay、WeChat Pay も QR コード決済のツールではあるが、タクシーを呼ぶ、電車に乗る、モノを買うなどがスマホアプリで行うことができ、その流れのなかで、スマホで決済を行っている。QR コード決済を利用するという考えはなく、スマホアプリを利用しているというほうが正しい表現である。

QR コード決済は、スマホの利用が前提である。そうであれば、アプリと連動させることで、カード決済や現金よりも、圧倒的に優位性のあるサービスが提供できる。Amazon Go（アマゾンゴー）や Starbucks Pay のように、購買プロセス全体を意識したアプリも提供できるはずである。

3-4 なぜ、決済にこだわるのか

各サービスが提供する機能は、QR コード決済だけ、あっても個人間送金である。つまり、購買プロセスにおいて、決済だけに焦点が当たっている。

消費者は、決済することが目的ではない。セキュリティが担保されていることが前提となるが、磁気カードでも、NFC カード、Felica カード、そして QR コード決済でもかまわない。われわれは、コンビニやデパートへ行く、映画館へ行く、タクシーに乗る、居酒屋へ行く、これらの行動は、それぞれモノを買う、映画をみる、目的地に移動する、お酒を飲むことが目的であり、決済が目的ではない。

たとえば、デパートでのショッピングは楽しいが、レジが長蛇の列であると閉口してしまう。楽しいショッピングも行列だけで台なしとなる。できれば、決済がないことが理想であり、少なくとも、レジ待ちの時間を最小限に減らすことが重要である。

Amazon Go は Just Walkout をコンセプトにレジなし店舗を実現した。この店舗は、決済という行為はなく、本来の目的である買い物だけに注力できる、現時点では理想型の店舗である。

3-5 なぜ、小規模店舗に限定しないのか

大規模店舗、チェーン店など資金的に体力のある店舗では、クレジットカードや電子マネーによるキャッシュレス環境は整っている。もし、キャッシュレス化の推進が目的であれば、いままでクレジットカードや電子マネーを導入していない、比較的小規模の店舗だけを対象とすべきである。

大規模店舗、チェーン店では、クレジットカード、電子マネーに加え、QRコード決済という新たな決済手段を追加しているが、さらには、QRコード決済はサービスごとに規格が異なるため、店員も、消費者も混乱している。さらに、消費者が最も嫌う、キャンペーンのポイント還元などを求めた大行列をつくるに至っている。

3-6 なぜ、バラバラにサービスを提供するのか

銀行、IT、通信、小売、そして大企業からベンチャーまでさまざまな QR コード決済が登場している。正直、私は覚えられない。どの店舗で使えるのか、どの QR コードを読めばよいのか、考えるだけでもめんどうくさい。

ただ、これは日本に限った話ではなく、マレーシア、インドネシアでも同じ光景がみられる。ただ、その光景も終わりが近づき、マレーシアでは Razer Pay（レイザーペイ）、Touch & Go、Boost（ブースト）、インドネシア

では OVO、Go Pay が勝者となりつつある。

　また、シンガポール、タイでは普及前に、それぞれ共通 QR コードを制定し、QR コードのステッカーや札が店頭に乱立することはない。

　各社の QR コード決済を進める目的は、当然、決済手数料の確保もあるが、GAFA や BAT（中国の IT 企業大手の Baidu（バイデゥ）、Alibaba、Tencent（テンセント））のような消費者の決済データの収集でもある。中国の QR コード決済の取扱件数のシェアは Alipay、WeChat Pay の上位 2 つのサービスで85％を超え、2 社に大量のデータが集約されるため、データの価値が高まる。しかし、現在の日本では QR コード決済事業者が乱立しており、データ活用に有益となるデータ量の確保は難しいだろう。ビッグデータビジネスはデータの質と量がポイントとなる。

第 4 章

日本のキャッシュレス化には LiveTech が求められる

4-1　LiveTechとは

　今回、日本のキャッシュレス社会への道しるべとして、LiveTech（リブテック）というコンセプトを掲げさせていただく。Liveとは、本書でもすでにたびたび登場している言葉だが、「日常生活」を指し、Techは「テクノロジー（技術）」である。

　FinTechが金融サービスと情報技術を結びつけたさまざまな革新的な動きを指すのと同様に、LiveTechは日常生活と情報技術を結びつけた革新的な動きととらえていただきたい。LiveTechは日常生活という面と購買プロセスという線の革新により、日常生活の利便性の向上を目指すものである。そのため、金融も決済もその一部にすぎない。

　なお、LiveTechという言葉には、聞き覚えがないと思う。今回、著者が初めて提唱する造語である。

4-2　決済は日常生活の付帯的な行為にすぎない

　決済は融資や投資、会計などと同様に、FinTechの一部として取り扱われている。当然、決済がFinTechである以上、金融的な側面を中心に、決済という行為に焦点が当てられる。ましては、決済をなくすという発想は生まれるはずもない。決済という行為がなくなれば、それはもはや決済ではなく、FinTechではないからである。

　しかし、決済という行為は、主役として単独で日常生活に登場することはない。著者は決済をするためだけに出かける人や、決済を楽しみに外出する人をみたことはない。買い物、移動、映画鑑賞などの日常生活のなかで、決

済は本来の目的（買い物、移動、映画鑑賞など）の付帯的な行為にすぎない。

4−3 FinTech のなかの決済

　しかし、決済を FinTech として扱う限り、決済という行為をなくすどころか、決済手段に QR コード、Felica、NFC、さらには生体情報を使うのかという議論が中心となる。しかし、この議論も、実は 4 階層の組合せにすぎない。

　①媒体：カード、スマホ、生体（顔、指、手のひらなど）、②個人認証：NFC、Felica、磁気、QR コード、生体（顔、指、手のひらなど）、識別番号、③資金移動タイミング：前払い、即時、後払い、④資金移動手段：クレジットカード、銀行口座、現金（店舗などで入金）であり、この 4 つの組合せでサービスが構築されている。

4−4 LiveTech の目的

　LiveTech では、これらの議論はまったく重要ではない。日常生活の利便性を向上させることが目的であり、決済という行為すらなくしたいからである。

　消費者は買い物であれば、より良いものを快適に購入したい。決済に限れば、レジでは並びたくない。LiveTech のように、日常生活にまで視野を広げ、購買にかかわるプロセス全体で考えれば、決済という行為をなくすという選択肢も出てくる。Amazon Go がその代表格だが、EC でも注文と同時に、事前に決済用のカードを登録ずみであれば、その場で決済は完了してお

り、決済という行為を特別に意識することはない。そのほか、タクシーや映画館の予約なども、予約と同時に決済を完了させることで、消費者は決済という行為を行った感覚をもたない。

さらに、銀行の変化も意識する必要がある。銀行の店舗と ATM の減少により、それらが身近にない、現金を気軽に入金、出金できない環境での日常生活を意識しなければならない。その際には、個人間送金が必須となる。現在の現金が利用しやすい環境のなかで、個人間送金だけを先行させることは、消費者は何も利便性を感じず、受け入れるわけもない。順番も重要である。

4−5　LiveTech のなかの決済

そして、単なるキャッシュバックやポイント還元などの金銭的価値の提供による一過性のブームをつくるのではなく、キャッシュレス決済を日常生活のなかで継続的に定着させることが重要となる。そのためには、日本独自の歴史、文化、国土、国民性、そして現在の決済環境などをふまえた消費者が自然に利用し続けるサービスを導入することが必要である。

すでに日常生活の一部となっているカード決済を無理やり QR コード決済に置き換える必要はなく、日常生活の一部を担うサービスに決済を組み込んでもかまわない。決済は日常生活の進化に応じて、ともに進化するものである。

繰り返しとなるが、LiveTech は日常生活の利便性の向上が目的であり、決済は主役ではなく、裏方として日常生活を支える重要な役割を担う。そして、日本も、LiveTech という考えをもつことで、日常生活の利便性は向上し、決済は進化し、キャッシュレス社会への道を歩み出すはずである。

4－6　世界20カ国の LiveTech でみえてくるもの

　次章以降で紹介するが、著者が訪問した世界20カ国でも LiveTech は起きている。ぜひとも、日常生活の利便性の向上と決済の進化する姿を感じていただきたい（図表4－1）。

　キャッシュレス先進国には、日本の目指すべき未来の姿が示されており、途上国では日常生活を向上させるべく若い力が成長を後押ししている姿が垣間みえるはずである。日本のキャッシュレス化を進展させるための道しるべを見つけていただきたい。

　欧州（第5章）はオランダ、イギリス、ベルギー、スウェーデン、デンマーク、フィンランド、ドイツ、スペイン。北米（第6章）はアメリカ、カナダ。中東（第7章）はUAE（ドバイ）。東アジア（第8章）は中国、台湾。東南アジア・南アジア（第9章）はシンガポール、マレーシア、タイ、インドネシア、カンボジア、ミャンマー、ネパールの計20カ国である。

　これらは、著者が実際に訪問した国や地域である。著者自身がこの目でみて、聞いたこと、そして同期間に出席した国際的な金融カンファレンスである Money20/20（6回）、Finovate（1回）で得た情報も補足として付加させていただいた。なお、滞在回数、期間の関係で情報には濃淡があることをご了承いただきたい。また、変化の激しい時代であり、さまざまなことが日々進化している。現地の知人からのヒアリングを含め、情報は最新（2019年5月）に近い状態にしたつもりである。

図表4－1　20カ国の概要

項番	項目	面積	人口	平均年齢 (中央値)	都市 人口率	名目 GDP
	単位	km²	100万人	歳	%	10億 US$
	対象年	2018	2018	2015	2018	2018
5-2	オランダ	41,543	17.19	42.1	91.5	912
5-3	イギリス	243,610	66.47	40.2	83.4	2,828
5-4	ベルギー	30,528	11.41	41.3	98.0	533
5-5	スウェーデン	450,295	10.23	40.9	87.4	551
5-6	デンマーク	43,094	5.78	41.6	87.9	350
5-7	フィンランド	338,145	5.52	42.5	85.4	275
5-8	ドイツ	357,022	82.89	45.9	77.3	4,000
5-9	スペイン	505,370	46.45	43.2	80.3	1,425
6-1	アメリカ	9,833,517	327.35	37.6	82.3	20,494
6-2	カナダ	9,984,670	36.99	40.5	81.4	1,711
7-1	アラブ首長国連邦(UAE)	83,600	10.43	33.4	86.5	424
8-1	中国	9,596,960	1,395.38	37.0	59.2	13,407
8-2	台湾	35,980	23.60	39.6	78.2	589
9-2	シンガポール	697	5.64	40.0	100.0	361
9-3	マレーシア	329,847	32.39	27.7	76.0	354
9-4	タイ	513,120	67.79	37.8	49.9	487
9-5	インドネシア	1,904,569	264.16	28.0	55.3	1,022
9-6	カンボジア	181,035	16.25	24.0	23.4	24
9-7	ミャンマー	676,578	52.83	27.7	30.6	68
9-8	ネパール	147,181	29.63	23.2	19.7	28
―	日本	377,915	126.49	46.3	91.6	4,971
	備考					
	出典	CIA	IMF	国連	国連	IMF

1人当り の名目 GDP	世界幸福度 指数		15歳以上の銀 行口座、各種 口座保有率	10万人当 りの銀行 店舗数	10万人当 りのATM 台数	キャッシュ レス決済比 率
US$	—	順位	%	店	台	%
2018	2019		2017	2017	2017	2015
53,106	7.488	5	99.6	11.8	44.6	—
42,558	7.054	15	96.3	—	128.1	54.9
46,724	6.923	18	98.6	6.7	88.3	—
53,873	7.343	7	99.7	16.1	31.9	48.6
60,692	7.600	2	99.9	20.6	50.0	—
49,845	7.769	1	99.7	1.4	32.5	—
48,264	6.985	17	99.1	12.8	119.2	14.9
30,697	6.354	30	93.7	58.5	111.8	—
62,605	6.892	19	93.1	31.4	—	45.0
46,260	7.278	9	99.7	21.4	227.8	55.4
40,711	6.825	21	88.2	11.2	65.5	—
9,608	5.191	93	80.2	8.7	81.4	63.9
24,971	6.446	25	—	—	—	(26.0)
64,041	6.262	34	97.9	8.4	65.1	—
10,941	5.339	80	85.3	10.0	46.7	—
7,187	6.008	52	81.5	11.8	117.2	—
3,870	5.192	92	48.8	16.8	55.6	—
1,508	4.700	109	21.6	7.5	16.7	—
1,297	4.360	131	25.9	4.7	4.3	—
972	4.913	100	45.3	11.3	10.2	—
39,305	5.886	58	98.2	34.0	127.7	18.4
			銀行口座以外 のモバイル・ ウォレットを 含む	中国、ベ ルギーは 2016年	中国、ベ ルギー、 ドイツは 2016年	
IMF	国連		World Bank	World Bank	World Bank	キャッシュ レス推進協 議会（台湾 は FSC）

第 5 章

欧 州

5-1-1　デビットカードを中心とするキャッシュレス社会

⑴　だれでも、どこでも、デビットカードで決済

　欧州のキャッシュレス化は、デビットカードを中心に進展している。

　Mastercard が発行する Maestro、Visa が発行するユーロ通貨を使用している EU 加盟国の銀行が発行する Visa Electron、Visa が欧州地域で発行する V Pay、また、デンマークの Dankort、ベルギーの Bancontact など国内限定のナショナルブランドのデビットカードがその国のキャッシュレス決済を牽引する。

　デビットカードはクレジットカードと異なり、銀行口座の残高の範囲内での利用となるため、銀行口座を保有していれば、与信の必要はなく、基本的にはだれでも保有でき、利用者を確保できる。

　また、店舗の視点からも、クレジットカードに比べ、決済手数料は低く、入金サイクルも早いことから、導入しやすい。

　カード決済端末は大規模店舗、チェーン店はいうまでもなく、露店や花屋などの小規模店舗でも導入されている。小規模店舗では比較的安価な「欧州の Square（スクエア）」と呼ばれる iZettle（アイゼットル）などの mPOS（エムポス）が導入されている。

　また、キャッシュレス化が進展する国では、カード決済端末は日本とは異なり、カードの挿入口は消費者に向いている。消費者自身がカードを挿入し、PIN（暗証番号）を入力するため、カードを店員に渡すことなく、カード決済が可能である。そのため、心理的にカード決済を利用しやすい。細かな話かもしれないが、日本も欧州型の自分でカードを挿入する形式のカード決済端末が普及すれば、キャッシュレス化が進展するのではないか。少額で

の躊躇や遠慮もなくなり、「カードで支払います」という宣言も必要なく、カード決済が特別なものではなくなる。

余談となるが、大手カード決済端末メーカーによると、消費者がPIN入力時に、いかに手元を隠せるかがカード決済端末の設計時の重要なポイントとのことである。

(2) スマホ決済は現時点では個人間送金にすぎない

QRコード決済は中国人観光客向けのAlipay、WeChat Pay以外をみることはない。欧州発のQRコード決済も存在する可能性はあるが、著者はみたことはない。その存在を確認できないほど、認知度は低い。

また、一部の報道では、個人間送金ツールのSwishが決済手段として、スウェーデンのキャッシュレス化を牽引すると伝えているが、現時点ではクレジットカード、デビットカードの領域には達していない。欧州ではすでにカード決済が日常生活の一部となっており、その牙城を崩すことはなかなか難しい。個人間送金という手段が日本ではあまりなじみがなく、Alipay、WeChat Payの流行とともに、決済手段として、一気に伝わってしまったのだろう。このような情報の行き違いは多々あり、その思い込みが日本のキャッシュレス決済の方向性を惑わせている。

また、日本ではSwishだけが有名だが、キャッシュレス化が進展する国では必然的に、個人間送金が普及している。今回取り上げる国では、オランダのTwyp（トゥワイプ）、イギリスのPaym（ペイエム）、ベルギーのPayconiq（ペイコニック）、デンマークのMobile Pay、フィンランドのSiirto（シルト）である。北欧の残り1国ノルウェーでも、Vipps（ヴィップス）が普及している。

(3) 高額決済は現金で支払ができない

一部の国では、現金での支払に上限金額が設定されている。本来の目的は賄賂などの不正防止、マネーロンダリング対策だが、高額商品の購入などの際には、現金での決済ができず、クレジットカード、デビットカードを利用せざるをえない。

イタリア、フランス、スペインでは1,000ユーロ（約12万円）、ドイツでは5,000ユーロ（約60万円）が現金決済の上限金額である。また、500ユーロ（約6万円）紙幣の廃止も決定されており、店舗では100ユーロ（約1万2,000円）紙幣を拒否されることが多い。

(4) 欧州すべてがキャッシュレス先進国ではない

キャッシュレス化の進展は、欧州でも国によりさまざまである。北欧4カ国（スウェーデン、フィンランド、ノルウェー、デンマーク）は、キャッシュレスでの決済比率は非常に高く、特に、フィンランドを除く北欧3国では、現金流通量の減少が著しく、数年以内には現金がなくなるとまでいわれている。

EU離脱問題（ブレグジット）で揺れるイギリスも、2012年のロンドンオリンピックを契機とし、キャッシュレス化は急速に進み、小売、交通などの日常生活ではNFCコンタクトレスカードを中心に決済が行われている。また、日本では扱われることは少ないが、オランダはデビットカードを中心としたキャッシュレス化が進む代表国である。

逆に、欧州先進国でも、ドイツ、スペインは銀行口座保有率が高く、カード決済端末が小規模店舗を含めて普及しているが、キャッシュレス化の進展は遅れている。キャッシュレス化は単にインフラを整えれば進展するわけではなく、その歴史、文化、国民性などが大きく影響することの証拠となる代表国である。

5-1-2 キャッシュレス化により、変わりゆく小売の姿

(1) 完全キャッシュレス店舗の登場

デンマーク、スウェーデンでは、クレジットカード、デビットカードだけを受け付ける完全キャッシュレス店舗が登場している。完全キャッシュレス化により、店舗のオペレーションを効率化でき、警備などの付帯作業も含めコスト削減ができている。

また、大型小売店のレジは、現金とカード決済を区別している。オランダ

ではデビットカード専用のレジを増やし、レジ待ちの行列をなくし、デビットカード決済へと誘導している。

(2) キャッシュレス化により生まれる新サービス

また、キャッシュレス化の進展する北欧諸国やイギリスでは、キャッシュレス化の利点を生かし、Self-Checkout、Scan & Go、Click & Collect などキャッシュレス決済を前提としたサービスを展開する店舗が多い。

5-1-3 キャッシュレス化により、変わりゆく銀行の姿

(1) キャッシュレス化の進む国では銀行は集約される

キャッシュレス化の進展する国は、銀行の合併・統合により、銀行は数グループに集約される傾向にある。

また、店舗、ATM の数も減少傾向にある。そのため、銀行の店舗、ATM を探すのも一苦労である。その ATM も出金専用であり、入出金対応の ATM を見つけることはさらに困難である。

(2) 店舗の変化、そして現金を扱わない店舗も登場

銀行の店舗は少なく、小規模な店舗が多い。従来のような大規模な威厳をもった重厚な雰囲気の店舗は本社などの主要店舗に限られている。

店舗は相談やアドバイスを行うための場となり、コーヒーも提供され、お洒落なカフェのような雰囲気をもつ店舗が増えている。また、PC が設置され、ネットバンクの操作方法の指導も行われており、顧客がセルフでネットバンクの操作を行うこともできる。

デンマーク、スウェーデンでは現金を扱わない店舗も登場している。店頭に堂々と、Cash の文字に×（バツ）印がされている。著者は初めてその×印をみたときは、銀行が現金を扱わないことにかなりの違和感を覚えたが、北欧の人々にとってはすでに当たり前のことである。

(3) モバイル専業銀行の登場

一方で、銀行業への新規参入も相次いでいる。ネット時代を反映し、Monzo、ATOM Bank、Revolut（レボルト）、Starling Bank（スターリング

バンク)、N26など店舗をもたないモバイル専業銀行が登場している。2018年のPSD 2（EU決済サービス指令2：API開放の義務化）の施行もその成長を後押ししている。

⑷ 個性的な銀行も登場

モバイル専業銀行が登場し、従来型の銀行がデジタル化を推進するなか、独自の戦略で成長を続ける銀行もある。イギリスのチャレンジャーバンクMetro Bank（メトロバンク）は店舗をStoreと称し、対面サービスを強化し、成長を続ける。スペインの3大銀行のCaixa Bank（カイシャバンク）もYellow Pointと称するATMを進化させ、Storeと称する店舗との両輪で、リテール事業の強化を図っている。なお、2行とも、店舗をStoreと称するが、スーパーマーケットやコンビニのようにだれでも気軽に入れる店舗を目指している。

5-2 オランダ

5-2-1 デビットカードを歓迎する街

⑴ 'HIER ALLEEN PINNEN'、'PINNEN JA GRAAG' が出迎える街

オランダの首都アムステルダムは運河とチューリップ、風車などの観光資源が豊かな街である。欧州諸国からだけではなく、中国、日本などのアジア諸国からも観光客を呼び寄せている。

しかし、その素晴らしい観光資源とともに、目立つのが、'HIER ALLEEN PINNEN'（支払はデビットカードだけ）と'PINNEN JA GRAAG'（デビットカード大歓迎）の表示である。なお、PINNENは、デビットカードのことである。実際、店頭のアクセプタンスマーク（カード決済ができることを示す印）はMaestro、V Pay、Visa Electronが目立つ。アムステルダム

は街全体で、デビットカードを中心にキャッシュレス化を進展させている。

　また、銀行口座保有率は高く、ほとんどの国民がデビットカードを保有している。そして、小規模店舗でさえもカード決済端末を導入し、街の隅々までキャッシュレス化の環境が整備されている。

　(2)　オランダ人は環境適応力に長けている

　このようなキャッシュレス社会を構築できた理由として、オランダの地理と歴史がある。オランダは欧州の中央に位置し、歴史的に隣国から侵略されることも多かった。そのため、環境変化に寛容であり、変革を受け入れる土壌がある。また、積極的に航海に出ていた国民でもあり、新しいことに挑戦する国民性も影響している。その地理、歴史、国民性により、オランダは短期間にキャッシュレス社会を実現させている。

　(3)　市民の足メトロでは現金お断り

　アムステルダムでは、メトロが市民の足の役割を担うが、乗車口には'HIER ALLEEN PINNEN'、'PINNEN JA GRAAG'のステッカーが貼付され、現金は扱っていない。最低料金は3ユーロ（約360円）だが、メトロ内ではクレジットカード、デビットカードで支払う必要がある。メトロには運転手のほかに、車掌も1名乗車し、カード決済端末が設置されている。乗客は乗車後、自分でカードを挿入し、PINを入力する。なお、乗車前に、販売所や券売機で購入する際には、現金でも乗車券を購入できる。

5-2-2　デビットカード決済なら、レジ待ちがない

　(1)　デビットカードを優遇する Albert Heijn

　Albert Heijn（アルバートハイン）はオランダで最も店舗数の多い、日常生活に根づいた庶民的なスーパーマーケットである。お土産を求める観光客も含め、店内は常に大混雑である。そして、店内の至るところに'HIER ALLEEN PINNEN'、'PINNEN JA GRAAG'の表示が掲げられ、デビットカードを大歓迎している（写真5-1）。

　その象徴がレジに表れている。レジは3種類ある。1つ目は Self-

写真 5 − 1　Albert Heijn の
HIER ALLEEN PINNEN

著者撮影（2018年）

Checkout（クレジットカード、デビットカード利用可）、2つ目は 'HIER ALLEEN PINNEN'、つまり有人でデビットカードだけを扱うレジ、3つ目が有人で現金、クレジットカード、デビットカードと何でも扱うレジである。この割合は大規模店舗では、2：7：1であり、デビットカード専用のレジ数の割合を増やし、デビットカードでの決済であれば、行列することなく買い物ができる。

　著者はオランダで利用できるデビットカードを保有していないため、観光客を中心に長蛇の列をなしている何でも扱うレジに並ぶこととなった。

　なお、デビットカードの有人レジが、Self-Checkout よりも利用頻度が高いのは、デビットカードで決済する限りは長蛇の列に並ぶ必要はなく、商品のバーコードの読み込みなどの手間がかからない有人レジを選択していると

写真 5 － 2　Marqt のレジ前の NO CASH

著者撮影（2018年）

思われる。

　Albert Heijn がキャッシュレス、特にデビットカードを優遇するのには理由がある。決済手数料の料率が日本と比べはるかに低いためである。契約条件ごとに差異はあるが、基本的にはデビットカードは１決済ごとに0.05ユーロセント（約７円）であり、クレジットカード決済手数料も1.4%とかなり有利な条件である。この程度であれば、採算への影響も少ない。

　Albert Heijn は完全キャッシュレス化を目指したいところだが、観光都市アムステルダムでは観光客は重要な顧客であり、収入源でもあり、現金決済を継続する必要がある。

(2)　完全キャッシュレス店舗 Marqt

　Marqt（マルクト）は、アムステルダムでも数店舗展開する完全キャッシュレス決済のオーガニック系の高級スーパーマーケットである。そして、店舗

の入口、レジには NO CASH の文字が並ぶ（写真5－2）。

　高級店のため、観光客を重要な顧客と位置づける必要はなく、一部の貧困層も排除することができ、完全キャッシュレス店舗を実現している。

　実際、品揃えも観光客を意識したものは陳列されていない。観光客が立ち寄らないため、Albert Heijn と比べると、落ち着いた雰囲気である。

　Marqt では、完全キャッシュレス化を実現しているため、現金にかかわるもろもろのオペレーションを効率化でき、警備にかかるコストも含め、大幅なコスト削減が実現できている。

　決済とは関係ないが、オランダは国家として、環境保護に積極的に取り組んでおり、Albert Heijn、Marqt に限らず、多くの小売店にはビンのリサイクルボックスが設置され、ビンを投入するとキャッシュバックされる仕組みが普及している。

(3)　露店もデビットカード大歓迎

　デビットカードを歓迎しているのは、チェーンストアや大手スーパーマーケットだけではない。露店などの小規模店舗でも、カード決済端末を導入し、'PINNEN JA GRAAG' の札を店頭に掲げ、デビットカードを大歓迎している。日本人的な感覚では、1ユーロ（約120円）の商品では、カード決済を躊躇してしまうが、だれもが普通に決済をしている。そして店員も嫌な顔をせず、対応をしている。消費者も店員も、少額でのカード決済には慣れており、すでに日常生活の一場面である。

5-2-3　銀行、ATM は役割が変化

(1)　銀行は3大グループに集約

　キャッシュレス化が進む国の特徴だが、銀行の合併・統合等が進み、ING Group（アイエヌジーグループ）、Rabo Bank（ラボバンク）、ABN AMRO（エービーエヌアムロ）の3大銀行グループに集約されている。

　ING Group はアムステルダムに本社を置く50カ国以上に展開する総合金融機関である。1991年の設立当初より、「デジタル技術をバンキングに取り

写真 5 − 3　Rabo Bank の店内

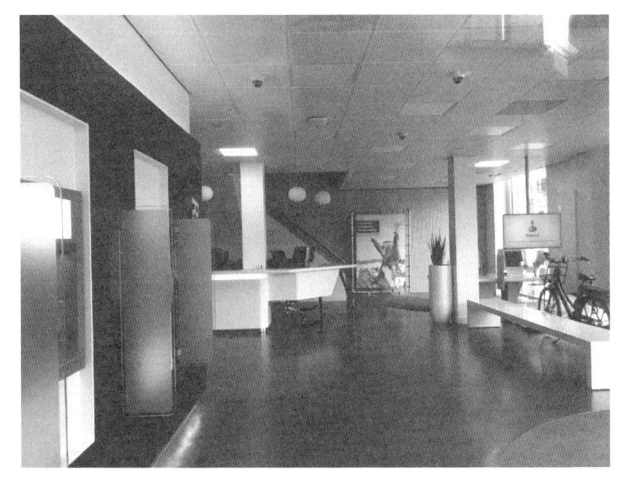

著者撮影（2018年）

入れる」ことに着手した FinTech の先駆けの銀行である。

　ABN AMRO は、1991年に、ABN（Algemene Bank Nederland）と AMRO Bank の合併により設立されたアムステルダムに本拠を置く大手投資銀行である。

　Rabo Bank は Utrecht（ユトレヒト：オランダ第4の都市）に本拠地を置き、40カ国以上に展開する農業組織向けの金融機関である。業務拡大に伴い、農業分野以外にも進出し、住宅ローン、中小企業向け融資は国内第1位のシェアを占める。FinTech にも力を入れており、ネットバンクの評判も高い。Money20/20では、スタートアップ企業とともに展示を行っており、エコシステム（企業間の協業モデル）の重要性と効果を訴え続けている。

(2)　店舗、ATM は見つけるのも一苦労

　首都アムステルダムでも、銀行店舗や ATM を見かけることは少なく、地方都市では、さらに見つけることは困難と思われる。実際、10万人当りの店舗数、ATM 数は、それぞれ、11.8店舗、44.6台にすぎず、日本の34.0店舗、127.7台と比べれば、その少なさがわかる（2017年、World Bank）。著者

は幸い ING Group、ABN AMRO、Rabo Bank（2店舗）を見つけることができた。

　銀行の店舗はお洒落なカフェのような雰囲気である。行員の数も非常に少ない。Rabo Bank の店舗では、カフェバーのようなハイチェアで顧客対応を行い、コーヒーも無料で提供している。PC が設置され、自由にネットバンクを利用できる（写真5－3）。

　オランダでは銀行の役割も変化しており、顧客は送金や各種ローンの申込みなどのオペレーションは、ネットバンクですませている。店舗を訪問するのは、新規ローンの相談や投資などのアドバイスが必要なときだけである。

　また、観光客向けの Euro Net（ユーロネット）が提供する ATM は観光スポットの周辺では見かけるが、銀行の ATM はほとんど見かけない。そして数は少ないが、銀行の ATM は壁に備え付けられた非常に堅牢なものである。そして、その ATM も出金専用であり、入金ができる ATM は銀行の店舗外では、見つけることは困難で、著者は1台みただけである。なお、出金は無料だが、入金には手数料が必要である。

5－3　イギリス

5-3-1　ロンドン名物2階建てバスが牽引するキャッシュレス都市

(1)　日常生活の足がキャッシュレス化を牽引

　ロンドンに立ち寄ると、外国人の数に圧倒される。イギリス在住者の8人に1人（約860万人）が外国出身者である。旧植民地や保護地区からの移民が多いことは知っていたが、感覚的には、その数字以上であり、予想をはるかに超えていた。

イギリスは2012年のロンドンオリンピックを契機として、NFC コンタクトレス決済が普及した。特に市民の足として日常生活に欠かすことのできないメトロ、バスがキャッシュレス化を牽引している。

　ヒースロー空港に到着し、ロンドン市内に移動する交通手段は、タクシー、シャトルバスなどがある。タクシーやシャトルバスであれば、クレジットカード、デビットカードでの決済は可能なことは、どの都市でも同じだろう。しかし、注目すべきは、メトロであり、Openloop（オープンループ）と呼ばれる仕組みが導入され、Visa payWave、Mastercard Contactless などの NFC コンタクトレスカードで、改札を通過できる。市内のほとんどの小売店でカード決済が可能なため、旅行者はいっさい両替をすることなく、また日本の Suica、PASMO に相当する Oyster card（オイスターカード）を購入することなく、ロンドンで生活ができる。

　また、ロンドン名物の 2 階建てバスは、現金では乗車できない。Oyster card、NFC コンタクトレスカードが必要となる。一方、メトロは駅の券売機で現金でも乗車券を購入できる。ただし、カードでの乗車の場合には、1 日ごとの運賃の上限（Zone 1 ・ 2 であれば、6.80ポンド（約990円））が設定され、何度乗車してもその上限金額を超えることはない。Oyster card、NFC コンタクトレスカードの利用を優遇することで、カードでの乗車へと誘導している。

　このように日常生活の足である公共交通機関のキャッシュレス化が契機となり、小規模店舗も含めた小売店でも、カード決済端末が導入され始めた。公共交通機関などの日常生活に密着したサービスのキャッシュレス化が進むことが、キャッシュレス化を進展させるためのポイントである。

⑵　教会の寄付もキャッシュレス

　さらに、キャッシュレス化の波は教会にも及ぶ。NFC コンタクトレスカードをタッチするだけで、3 ポンド（約450円）が寄付できる。

　日本では、ホームレスの世界にもキャッシュレス化が進展しているという報道をたびたび目にする。しかし、ロンドンで数十人のホームレスを見かけ

たが、従来の空き缶などで施しを受けている。これも、キャッシュレス化の進展を大袈裟に表現したいがために、一部の特別なホームレスを報道している例である。著者はキャッシュレス先進国といわれるスウェーデンなどの北欧諸国、中国の上海、杭州でも、たくさんのホームレスを見かけたが、残念ながら、先進的なホームレスにはお会いしたことがない。

(3) 地域により異なるキャッシュレスの状況

シティなどの都心部では、アクセプタンスマークを見かけることは少ない。おそらく、すでにカード決済が当たり前なため、わざわざアピールする必要もないのだろう。しかし、メトロで30分程度の郊外の小売店ではVisa、Mastercardなどのアクセプタンスマークを表示している店舗が多い。

また、中国系住民も多いロンドンだが、Alipay、WeChat Payは、チャイナタウンや観光スポットでは見かけるが、街中では目立つものではない。

5-3-2 キャッシュレス化により、サービスも進化

(1) キャッシュレス化により Self-Checkout が一般化

ロンドンではその構築されたキャッシュレス環境を生かし、日常生活の利便性を向上させている。大小を問わず、小売店ではすでに Self-Checkout が主流である。大手スーパーマーケットの Marks & Spencer（マークスアンドスペンサー）や Sainsbury's などでは、有人レジと Self-Checkout の数を比べると、1：10以上の差があり、ほとんどの消費者が Self-Checkout を慣れたようすで利用している。そのため、レジで行列することはほとんどない。キャッシュレス化の恩恵である（写真5-4）。

さらに、Self-Checkout の進化系として、TESCO や Waitrose（ウェイトローズ）では、Self-Scan も導入されている。Self-Scan とは入店時にバーコードリーダー付きの端末を貸与され、購入する商品をつどスキャンする仕組みである。その機器でスキャンすれば、レジに並ばず、買い物は終了する。現在では、店舗の専用機器ではなく、自分のスマホでアプリを起動し、商品をつどスキャンする仕組みも導入されている。決済は登録ずみのカードで行わ

写真 5 − 4　Marks & Spencer の Self-Checkout

著者撮影（2019年）

写真 5 − 5　Waitrose の Self-Scan

著者撮影（2019年）

れ、レジに並ぶ必要はなく、決済という行為を行うことはない（写真5-5）。

(2) イギリス人のライフスタイルにマッチした Click & Collect

また、Click & Collect の表示も目につく。Click & Collect とは PC やスマホで商品を事前に EC で注文し、店舗へ商品を受取りに行くサービスである。イギリスは夫婦共働きが多く、古くから流行していたサービスだが、買い物を便利に、効率的に行うことができる。店舗から自宅までのラスト1マイルは、日本でも宅配業者の過労が問題となったが、売り手にとっては非常に手間とコストがかかる。消費者が店舗まで商品をとりにきてくれることは、店舗にとっても非常にありがたい。

受取方法も進化し、John Lewis（ジョンルイス）では、店舗で受取専用のPC に注文番号を入力するだけで、バックヤードから店員が商品をもってきてくれる。さらに、アパレルの ZARA（ザラ）の旗艦店では、注文番号、もしくは注文時に発行される QR コードを専用機に読み込ませるだけで、全自動で商品を受け取れる（写真5-6）。なお、Click & Collect では、注文した時点で、登録ずみのカードで決済が完了しており、決済という行為は必要

写真5-6　ZARA の Click & Collect の受取り

著者撮影（2019年）

ない。

⑶　商品が陳列されていない店舗 Argos

　さらに、ロンドンでは店舗に商品を陳列しない Argos（アルゴス）も人気である。店内にはたくさんのタブレット PC とその脇には分厚いカタログが並ぶ。正直、ここがモノを販売している店舗とは思えない。

　消費者は店舗内のタブレット PC で、EC でのショッピングと同じように商品を注文する。そして注文した商品が店舗奥の倉庫にあれば、そのまま持って帰り、在庫がない場合でも、近隣店舗、もしくは倉庫から配達させ、後日にその店舗で受け取る、もしくは自宅に配送してもらえる（写真5-7）。

　また、JD Sports（ジェーディースポーツ）などのアパレル店では、店舗にちょうど良いサイズの服や靴がない場合には、店内の専用端末で適切なサイズの商品を注文し、在庫のある店舗、もしくは倉庫から即時に取り寄せる Endless Aisle（エンドレスアイル）というサービスを提供している。一度つかんだ顧客を逃がさない仕掛けであり、顧客もほしい商品を確実に確保できる。

写真5-7　Argos の店内

著者撮影（2019年）

(4) 宅配サービスも流行の兆し Ocado

イギリスにも Amazon は進出し、その傘下の Whole Foods Market（ホール・フーズ・マーケット）の店舗も出店している。ここでは、Click & Collect に加え、Amazon 系列らしく、宅配を推奨している。ただし、イギリスでは Amazon でさえも、配送時間はルーズである。そのため、自分のペースで受取りができる Click & Collect が好まれている。

しかし、最近では AI を駆使した配送センターを完備し、正確な配送時間を特徴とする Ocado（オカド）が人気急上昇である。ロンドンの街を歩いている際にも、Ocado のロゴの配送車を数台見かけた。さらに、Uber Eats（ウーバーイーツ）も、メトロ、バスで積極的にプロモーションを行っている。

(5) ナイトクラブでは指でカクテル代を払う

カード以外の決済も登場している。ロンドンの知り合いから聞いた情報となるが、あるナイトクラブでは、事前に自分の身分証明書と指静脈情報を登録し、カクテルなどのアルコールを購入する際には、指静脈だけで決済ができる。

生体認証による決済は、環境、場所などの条件が適している場合にのみ有効だが、ナイトクラブでの生体認証決済は店舗、消費者の双方にとって利便性が高い。暗い店内のため、現金、カードでの支払（PIN の入力を含む）では、間違いが起こりやすい。泥酔している客も多く、行き違いはさらに増す。加えてアルコールの販売は年齢制限があるため、年齢の確認が必須である。生体認証による決済ならば、暗闇でも簡単、確実に、そして自動的に年齢確認もできる。万が一、もめ事が起こった場合でも、注文の履歴は電子的に残っていることも心強い。

5-3-3 チャレンジャーバンクなど新しいスタイルの銀行が登場

(1) 銀行は4大グループに集約

銀行は合併・統合が進み、HSBC（香港上海銀行）、Barclays（バークレーズ）、Lloyds（ロイズ）、The Royal Bank of Scotland（ロイヤルバンク・オブ・

スコットランド）の4大銀行グループに集約されている。

HSBCは80以上の国と地域に1万以上の拠点を有する世界有数の金融グループである。マレーシア、シンガポールなどの東南アジア諸国でもよく見かける銀行である。

Barclaysはリテール、ホールセール、投資銀行部門に加え、ウェルスマネジメント、クレジットなど幅広い金融サービスを提供する銀行である。

Lloydsは銀行というよりも保険のイメージが強いと思う。「最後の再保険会社」とも呼ばれる保険会社のための保険会社の金融グループの銀行である。

The Royal Bank of Scotlandはエディンバラに本社を置く総合銀行である。

もう一行、イギリスには有名な銀行がある。Standard Chartered Bank（スタンダードチャータードバンク）は70以上の途上国に進出する銀行で、著者はロンドンでは店舗を見つけることはできなかったが、ネパールのカトマンズでは定宿の目の前に店舗を構えている。

(2) チャレンジャーバンクの台頭

そして、この4大銀行の寡占状況を問題視した政府の後押しにより、チャレンジャーバンクと呼ばれる異業種から参入した比較的新しい銀行がイギリスでは活躍している。イギリス以外では、チャレンジャーバンクはモバイル専業銀行のことを指すことが多いが、イギリスでは大きく3種類のチャレンジャーバンクがある。

1つ目は小売系のTESCO Bank（テスコバンク）、Sainsbury's Bank（セインズベリーズバンク）、ASDA Bank（アズダバンク）などの小売系の銀行である。それぞれの小売店の店舗にはその銀行のATMが設置されている。

もう1つは店舗をもつ銀行である。Virgin Group（バージングループ）も銀行業に進出し、Piccadilly Circus付近にはイメージカラーの赤を基調とした店舗を出店している。後述するが、Metro Bankもチャレンジャーバンクである。

最後は、Monzo、ATOM Bank、Revolut、Starling Bankなどの店舗をも

たないモバイル専業銀行である。2階建てバスでは Monzo、Starling Bank の広告を見かけたが、モバイル専業銀行も一般的なものになっていると感じる。また、モバイル専業銀行は必ず、多通貨の口座や格安な国際送金のサービスを提供している。移民大国であるイギリスだからこそ求められるサービスである。

(3) キャッシュレス先進国ながら、店舗、ATM は健在

世界の金融の中心地らしく、4大銀行、および Metro Bank などのチャレンジャーバンクの店舗は、ロンドン市内の主要駅前、ショッピングモールでは多々見かけるが、小規模な店舗が多い。

ATM は TESCO、Sainsbury's、ASDA の店頭には必ず設置され、また街中の至るところで、埋め込み式の堅牢な ATM を見かける。

(4) おもてなしの心で出迎えてくれる Metro Bank

Metro Bank の戦略は、①対面チャネルを重視する、②顧客でなく、ファンをつくる、③商品や条件ではなく、サービスで勝負する、の3本柱である。この戦略からも、モバイルや ATM 事業に特化する他のチャレンジャーバンクとは一線を画していることがわかる。

銀行の店舗内の写真撮影は、顧客のプライバシー保護、セキュリティの観点から断られることが多いが、Metro Bank では、顧客を写さないことを条件に撮影を許可してくれた。これも店舗の自信の表れであり、サービスの一環なのかもしれない。

店舗でのサービスを重視していることの象徴として、店舗を小売店と同様に気軽に入れる雰囲気を目指すことから、Store と称し、全面ガラス張りで、外から丸見えの店舗としている。受付はホテルのフロントのようであり、行員は立ったまま、受付をする。

店舗奥には Magic Money Machine（マジックマネーマシン）という派手な硬貨自動計算機が設置され、投入額を当てると景品がもらえる。著者も試したが、残念ながら当てることはできなかった。銀行の店舗では、待ち時間を持て余すが、多少の時間は潰せるし、子どもは喜ぶだろう。

また、驚くことに休業日は年に3日（クリスマス、元日、イースター）で、営業時間も平日は8：00〜20：00、土曜日は8：00〜17：00、日曜日も11：00〜17：00である。なお、HSBCなど他のイギリスの銀行は、日本と同様に土日休業であり、日本よりも若干長いが、平日は9：00〜17：00の営業である。

　ATMの設置場所も他の銀行とは異なる。イギリスではATMは店外の壁に埋め込まれている形式のものが多いが、店内の入口付近の店舗全体が見渡せる場所に設置されている。

　さらに、著者もマルという黒い大型犬を飼っており（写真5−8）、喜ばしいサービスだが、創業者の「飼い犬を大事にされると自分も大事にされている気持ちになる」という言葉を受け継ぎ、ドックフードや犬用の飲料水を設置したドッグコーナーもある（写真5−9）。犬の入店禁止を店頭に示す店舗が多いなか、非常に珍しいサービスである。

　Metro Bankは、デジタル化により効率性だけを目指す銀行が多いなか、

写真5−8　わが家のマル

著者撮影（2019年）

写真5−9　Metro Bankのdogs rule!

著者撮影（2019年）

消費者視点の取組みを行う魅力的な銀行である。著者もイギリスに在住する機会を得たならば、必ず銀行口座を開設し、マルと一緒に訪問し、ドックフードをいただきたい。

(5)　FinTech サービスを体験できる店舗 Clydesdale Bank

スコットランドの商業銀行である Clydesdale Bank（クライズデールバンク）もおもしろい店舗を構えている。最先端技術やネットバンクを実際に試せる場である。店舗中央のオープンエリアにはラボスペースがあり、テーブルにはネットバンクにアクセスできるタブレット PC が並ぶ。Amazon Echo（アマゾンエコー）も設置され、音声バンキングも試すことができる。ラボの周囲にはお客様相談室やカフェ、最先端の ATM が配置されている。

店舗の少ない銀行は、顧客の目に触れる機会が減少し、知名度・認知度が下がるという負の面がある。この店舗は、先進性やネットバンクの利便性をアピールする場として、店舗が有効に活用されている。銀行の店舗は減少傾向にあるが、顧客の相談を受ける場所だけではなく、自行のアピールの場という役割も担う必要がある。

(6)　資金の利用シーンを示した店舗 HALIFAX Bank

Lloyds 傘下の HALIFAX Bank（ハリファックスバンク）の Oxford Circus 駅前の旗艦店舗もおもしろい。店舗は資金が必要な場面（Home、Kids、Travel、Kitchen）を演出した設計である。地下には目的に応じた応接室（クローズ、オープン）がいくつも設置されており、特に銀行に用事がない人でも、打合せや仕事ができる。著者が訪問した際にも、行員か外部の人かは不明だが、数人が PC を立ち上げ仕事をしていた。

この店舗は積極的に金融サービスを売り込む店舗ではなく、銀行離れ、特に 4 大銀行などの伝統的な銀行離れを防止するために、まずは銀行の店舗に来てもらうことを目指した店舗である。後述するが、銀行離れが進むアメリカでも、Capital One（キャピタルワン）や Umpqua Bank（アンプクアバンク）も同様の取組みを行っている。

5-4 ベルギー

5-4-1 EU の首都もデビットカードがキャッシュレスを牽引

　ベルギーはキャッシュレス化が進むオランダ、金融都市国家ルクセンブルクとともに、ベネルクス3国と呼ばれ、多くの EU の主要機関が置かれ、EU の首都と呼ばれている。

　店舗には規模の大小を問わず、カード決済端末が導入され、消費者もキャッシュレス決済を利用している。ここベルギーでも、キャッシュレス決済の主役はデビットカードである。ブランド系の Maestro、Visa Electron、V Pay に加え、ベルギー国内で利用できるナショナルブランドのデビットカード Bancontact のアクセプタンスマークが店頭では非常に目につく。

5-4-2 シンプルでキャッシュレスな店舗

　小売店では DELHAIZE（デルハイゼ）、フランス資本の Carrefour（カルフール）が人気の店舗である。この2つの店舗をはじめ、小規模店舗でも、デビットカードによる決済が中心だが、Self-Checkout を導入している店舗は少なく、あまり利用もされていない。

　また、街中では、シェアサイクルが日常生活になじんでおり、Villo（ビロ）という黄色の自転車が街中を颯爽と走っている。Villo は旅行者でも利用できるが、カード決済のみ受け付けている。しかも、デビットカードの場合には、盗難対策として、150ユーロ（約1万8,000円）以上の残高が必要となる。

5-4-3 銀行の店舗、ATM は見つからない

　銀行は統合・合併が進み、5つの銀行が中心的役割を担う。そして、EU

の首都らしく、他の EU 加盟国の銀行も主要銀行に位置づけられている。

　ベルギー資本では、欧州有数の銀行である Dexia（デクシア）、中東、欧州にも展開する KBC Group（ケービーシーグループ）が主要銀行である。隣国のフランスの AXA（アクサ）、オランダの ING Group、Rabo Bank はベルギーでも主要銀行として重要な役割を担っている。

　ただし、首都ブリュッセルでも、なかなか銀行の店舗は見つからない。ようやく ING Group の店舗を見つけたが、無人店舗であり、ATM と ING Online 専用（ネットバンク）の PC が設置されているだけである。ATM では、ING カードでは入出金ができるが、他行カードは出金しかできない。そして、街中にも ATM がないため、何度かその店舗の前を通ったが、常に非常に混雑をしていた（写真 5 − 10）。

写真 5 − 10　ING Group の ATM の画面

著者撮影（2018年）

5-5 スウェーデン

5-5-1 世界初のキャッシュレス国家に最も近い国

(1) 幸福度ランキングの上位常連国はキャッシュレス化も進む

スウェーデンは世界幸福度ランキングの上位の常連であり、2019年3月の発表では7位である。社会福祉が充実し、政府への信頼度も高く、キャッシュレス化により、情報が管理されることへの抵抗感が少ないことも、キャッシュレス化が進展する一因と思われる。キャッシュレス化により情報を提供することが、将来の投資という考え方なのかもしれない。

また、早ければ2025年には、世界初のキャッシュレス国家になるともいわれている。

すでに2012年に、1,000クローネ（約1万1,000円）の高額紙幣が廃止され、高額商品を買うためには、厚い財布を持って歩くか、カード決済するかの選択となり、前者を選ぶ人はほとんどいない。

また、7歳からデビットカードを保有できるため、日本ではキャッシュレス決済による散財を懸念する意見もあるが、スウェーデンでは幼少期から金融教育が各家庭で実践を通じて行われている。

(2) 欧州の Square と呼ばれる iZettle

スーパーマーケット、コンビニ、露店に至るまでカード決済端末は導入され、市民は100円程度の商品でも、カード決済であり、店員も嫌な顔をすることはない。カード決済が日常生活に欠かせない存在となっている。

そして、小規模店舗の多くは初期導入費用が格安な iZettle という mPOS を利用している。この mPOS もキャッシュレス化の進展には一役買っている。

iZettle はスウェーデンのスタートアップだが、すでにフィンランド、デ

ンマーク、ノルウェー、イギリス、フランス、ドイツ、オランダ、スペイン、さらには南米へと事業領域を拡大しており、2018年にはPayPalと事業を統合した。この事業統合により、PayPalはECだけでなく、リアルも含めた中小企業が顧客となった。

　PayPalのMoney20/20での講演内容を紹介する。「世界中の企業の大半は中小企業であり、中小企業を成長させることが経済成長には必要で、同様に雇用を創出するためにも、中小企業の成長はなくてはならない。PayPalはこのミッションを達成する」と述べている。今後、欧米ではPayPalのさらなる成長とともに、中小小売店のEC化が加速するかもしれない。

(3)　決済手段ではなく、個人間送金ツールのSwish

　日本では、Swishはスウェーデンのキャッシュレス化を牽引するQRコード決済と伝わる。しかし、著者が訪問した第3の都市マルメでは、Swishを利用する場面は、1回しか遭遇していない。その店舗ではSwishという文字と携帯電話番号が掲げられており、購入者はそれをみて、送金先（携帯電話番号）と金額をSwishのアプリに入力する。つまり、決済とはいうが、消費者は店員へ個人間送金をしているにすぎない。

　著者はみたことはないが、SwishのQRコードを掲示する店舗もあるらしい。現時点ではSwishは個人間送金としての重要な役割を担っているが、カード決済の存在を脅かすまでには成長はしていない。歴史あるカード決済を押しのけるのはなかなか困難である。

(4)　地味な取組みから広がったSwish

　Swishは、2012年にNordea（ノルディア）、Swedbank（スウェドバンク）、SEB（スカンジナビスカ・エンスキルダ・バンケン）、Svenska Handelsbanken（スベンスカ・ハンデルスバンケン）、Danske Bank（ダンスケバンク、本社はデンマーク）などのスウェーデンの大手銀行が共同で開発した手数料無料のリアルタイムの個人間送金サービスである。

　携帯電話番号とBank ID（バンクアイディ）と呼ばれる個人認証を紐づけ、携帯電話番号だけで、家族や友人、そして店舗の銀行口座へ送金ができる。

現在ではスウェーデン国民の60％以上が利用しているが、サービスインと同時に普及したわけではない。スウェーデンにも日本の町内会のような組織があり、その会費の徴収を現金からSwishに置き換えることから始まった。さらに町内会同士での支払が発生した際には、Swishで支払を行った。その繰り返しで、徐々に利用者を拡大したといわれている。

町内会費などの少額を大量に集めることは手間がかかり、その管理も非常に難しい。Swishの登場により、冬場は極寒のなか、会員の家を訪問する必要がなくなり、預かった現金も紛失、盗難の心配はない。なお、スウェーデンは日本の約1.1倍の国土に、10分の1の人口であり、都市部を除けば、お隣さんの家でもかなり遠い。このような地理的要因も、キャッシュレス化が進んだ理由の一つである。ちなみに、同様に、寒い、広い国土で、人口密度が低いカナダもキャッシュレス化が進展している。国土と気候は、キャッシュレス化の進展と関係があるのかもしれない。

また、Swishの操作が非常に簡単なことも、普及を後押ししている。Swishのアプリを起動後、「Betala（支払）」を選択、送金額を入力、Bank IDで認証、送金先を指定（登録ずみの場合は選択）、内容確認後に送金するだけである。実際、スウェーデンの知人に操作をみせてもらったが、数秒で処理は終了する。個人間送金であれば、非常にシンプルで使いやすいが、店舗での決済と考えるとやはりめんどうくさい。

(5)　Swishを陰で支える個人認証Bank ID

Swishの認証にはBank IDを利用する。スウェーデンでは出生時にパーソナルナンバーと呼ばれる日本でいうマイナンバーに相当する個人認識番号が与えられる。そして、このパーソナルナンバーと個人情報、銀行口座を統合したものがBank IDである。

Bank IDの利用場面は、Swishだけでなく、銀行口座の開設、ローンの申込みなどの金融サービスで利用され、さらには医療機関の予約、確定申告にまで広がる。

5-5-2 寒い土地柄もあり、EC が成長

⑴ 日常生活の利便性を向上させるサービス

　著者は観光客であり、基本的に観光客の立ち入るエリアでの生活となるため、見つけることができなかったが、完全キャッシュレス店舗も登場している。

　小売店はチェーン化が進み、日本でもおなじみのセブン-イレブンも進出している。また、ローカルのコンビニでは、Pressbyrån（プレスビーロ）も目につく。スーパーマーケットでは、最大規模を誇る ICA（アイシーエー）、国内300以上の店舗を展開する COOP KONSUM（コープコンサン）、デリカが充実する Hemkop（ヘムコップ）が人気を集める。

　これらチェーン展開している大手小売店では、ほとんどの消費者がカード決済を行うが、さらに Self-Checkout を利用している人が多い（写真5－11）。

　また、スーパーマーケットでは、ほぼ完成された食材のセットであるレ

写真5－11　Hemkop の Self-Checkout

著者撮影（2017年）

ディ・ミールの品揃えが豊富である。スウェーデンは夫婦共働きが多く、そして物価の高さもあり、外食では少々値が張るため、レディ・ミールが相対的に安価で人気がある。キャッシュレスとは関係ないが、レディ・ミールも日常生活の利便性向上に一役買っている。

なお、日本の消費税に相当する税は25％で、食料品は軽減税率で12％だが、それでもやはり高い。将来、社会福祉として還元されない著者を含め、観光客にとってはかなりの痛手である。

⑵ EC 大国、そして EC を支える後払決済サービス Klarna

スウェーデンは、インターネット普及率が非常に高く、北欧最大の EC 市場である。2016年の EC 市場の売上高は約 1 兆円で、67％のユーザーは毎月1 回以上、EC でのショッピングを楽しんでいる。特に冬場は極寒となるため、ショッピングで外出するよりも、EC を好む傾向にあるのだろう。

そして、EC の決済で存在感を示すのが、Klarna（クラーナ）である。現在では欧州だけでなく、アメリカにも進出を果たしている。購入者が入力したメールアドレスと郵便番号をもとに、独自の与信ロジックで消費者の審査を行い、商品が到着後の後払いサービスを実現している。

EC の黎明期は、注文した商品が届くまでは不安もあったため、Klarna の提供する後払いサービスは爆発的に流行した。現在では、ユーザー数は2,500万人、加盟店数は 4 万5,000店以上に達する。日本では知名度はそれほど高くはないが、Money20/20の常連であり、常に多くの聴衆を集めている。

5-5-3 現金を扱わない銀行店舗が増加

⑴ 銀行は 4 大グループに集約

銀行は統合・合併が進み、Swedbank、SEB、Svenska Handelsbanken、Nordea の 4 大銀行グループに集約されている。

北欧の銀行は、国境をまたぎ、北欧 4 カ国とバルト 3 国（エストニア、ラトビア、リトアニア）を商圏としている場合が多い。さらに、本社が税制の有利な国に移ることまである。最近でも、Nordea は本社をスウェーデンの

ストックホルムからフィンランドのヘルシンキへ移している。なお、Nordea は北欧を中心に19カ国に進出しており、ネットバンクの顧客数は世界有数の規模を誇っている。

(2)　店舗も ATM もなかなか見つからない

　著者が訪問したマルメでさえも、銀行の店舗、ATM はなかなか見つからない。ようやく、Swedbank の店舗を 1 店舗見つけることができたが、店頭には犬に×印があり、その横には、現金にも×印が示された現金を扱わない店舗である（写真 5 − 12）。現金を扱わない店舗は Swedbank だけでなく、スウェーデンの約1,500の銀行の店舗のうち、 3 分の 2 が扱っていない。

　マルメで見つけた Swedbank の店舗は非常に小規模な、黄色を基調とした明るい雰囲気の店舗である。行員の数も少なく、PC が設置され、店舗で

写真 5 − 12　Swedbank の現金お断り
　　　の表示

著者撮影（2017年）

ネットバンクの操作も可能である。

　そして、ATM もなかなか見つからない。数少ない ATM も、Insättning（出金）専用である。結局、Uttag（入金）の文字を見かけることはなかった。

　Swedbank だけでなく、スウェーデンの銀行はキャッシュレス化の進展とともに、店舗・ATM の削減、そして数少ない店舗でも現金を扱う店舗は限られている。実際、入金する際には、遠くの大規模店舗まで移動する必要があり、特に IT 機器の操作に不慣れで、ネットバンクなどを利用しない、できない高齢者の生活は厳しくなっている。

(3)　カードによるキャッシュレス化の次は個人間送金

　スウェーデンでは少額でもカード決済が当たり前である。そして、3分の2の銀行の店舗では現金を扱っていない。そして ATM の数も少なく、入金が可能な ATM を見つけることは困難である。そのような状況下では、割り勘の精算で現金を受け取った場合に、その現金の行き場はない（図表5－

図表 5 － 1　個人間送金の必要性

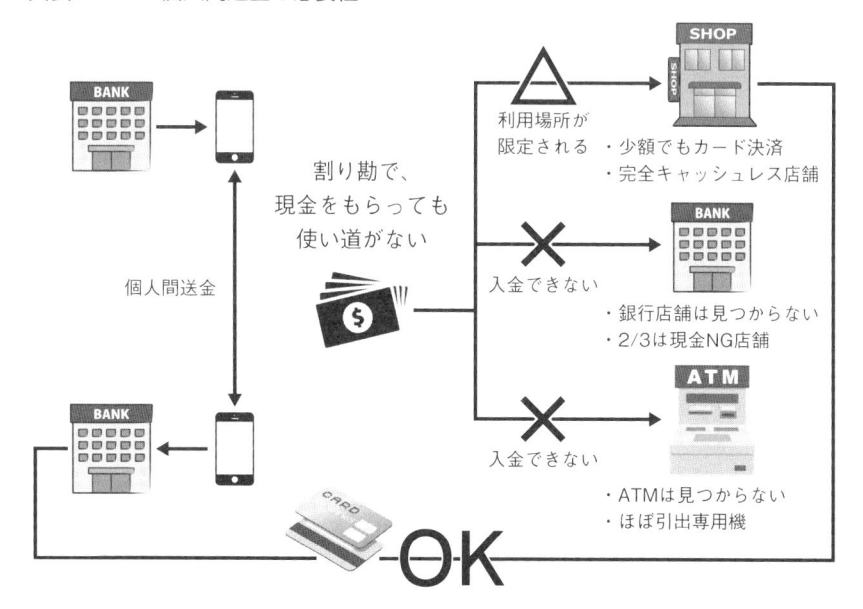

1）。そのため、個人間送金の Swish が必須となる。カードによるキャッシュレス化が進展した国では、必ず個人間送金の存在感が増す。

5-6 デンマーク

5-6-1 Dankort を中心に進むキャッシュレス大国

⑴ 2030年にはデンマーククローネは廃止の方針

人魚姫象、チボリ公園、ニューハウンなど観光資源が豊かなコペンハーゲンの街は、キャッシュレス先進国としての顔ももつ。デンマーク国立銀行は2017年から段階的に、デンマーククローネの発行を減少させ、2030年には完全に廃止する計画である。

コペンハーゲンの街は、スーパーマーケット、コンビニ、露店までカード決済端末は普及している。欧米諸国では公衆トイレの利用は有料だが、コペンハーゲンではカードがなければ、用を足すこともできないほど、カードが日常生活に必要不可欠な存在となっている。そして、その中心はデンマーク国内限定デビットカード Dankort である。

⑵ デンマークのキャッシュレス化を牽引する Dankort

Dankort は、1984年にサービスインした歴史あるカードである。基本的には銀行口座を保有していればだれでも保有できるため、銀行口座保有率の高いデンマークでは、ほぼすべての国民が保有している。

小売店の店頭には Visa、Mastercard、Maestro、V Pay、Visa Electronと並び、Dankort の「DK」というアクセプタンスマークが貼付され、その赤いロゴは目を引く。

⑶ 個人間送金から少額決済に進む Mobile Pay

デンマークでもモバイルによる個人間送金が流行している。デンマーク国

民の3分の1が利用する Danske Bank の Mobile Pay というサービスである。

　Mobile Pay もスウェーデンの Swish と同様に、日本のマイナンバーに相当する国民 ID の CPR と連動して認証を行う。送金先の携帯電話番号と送金額を入力するだけで、簡単に送金ができる。

　なお、Mobile Pay はスウェーデンの Swish とは異なり、少額決済の領域にも進出しつつある。3万5,000店以上の加盟店をもち、著者もマクドナルドで利用できることを確認できた。しかし、デンマークでも歴史あるカード決済が日常生活に染み付いており、その存在を脅かす存在とはなっていない。

5-6-2　現金は法律でも、感覚的にも使われなくなる

⑴　完全キャッシュレス店舗は法律で認められている

　2016年、衣料品、レストラン、ガソリンスタンドなど指定業種に限っては現金による支払を拒否できる法律が施行された。著者は残念ながら、観光都市コペンハーゲンではみることができなかった。

⑵　主張しているカード決済端末

　日本でも人気のエコバックを販売している Irma（イヤマ）や Netto（ネトー）などのローカルのスーパーマーケット、ファストフード店では、カード決済端末の存在が非常に目立っている（存在を主張している）ように感じる。ハンバーガーショップで、数台のカード決済端末が消費者に向かって並ぶ姿には、カード決済が主役であることを認めざるをえない感覚を覚えた（写真5−13）。

　コンビニはセブン-イレブン、サークルKが出店している。やはりここでも100円程度の少額であっても、カード決済が行われている。高級デパート Illum（イルム）では Self-Checkout も導入されていたが、大衆向けの店舗では見かけることはない。余談となるが、セブン-イレブンもその歴史ある街並みになじんだ色合いの店舗であり、景観を損なうことはない。

写真 5 -13　ファストフードのレジ

著者撮影（2017年）

　スウェーデンと同様に、日本の消費税に相当する税率が25％で、物価が非常に高いことには困らされた。たとえば、コンビニで、コーラが23.5DKK（デンマーククローネ、約380円）、焼き鳥が2本で30DKK（約480円）、ハンバーガーのセットメニューは69DKK（約1,100円）である。デンマーク料理を楽しみにしていたが、金銭的な都合もあり、食べる気にはなれなかった。夏場は白夜で夜が長い北欧だが、残念ながら、節約した生活を送らざるをえない。

5-6-3　現金を扱わない銀行店舗が増加

　デンマーク最大の銀行は Danske Bank で、国内に150程度の店舗があり、さらに北欧諸国を中心に世界16カ国で展開している。なお、国内店舗の3分の2が現金を扱っていない。

　首都コペンハーゲンであっても、なかなか銀行の店舗、ATM は見つからない。ようやく、Danske Bank、Syd Bank（エスワイディーバンク）、Arbejdernes Landsbank（アルベジャデネスランズバンク）を各1店舗見つけ

たが、Arbejdernes Landsbank の店頭には、NO CASH の文字が示されている。現金を扱っていない店舗である。

ただし、ATM は、観光客向けの Euro Net の ATM は観光スポット付近には必ず存在し、コペンハーゲンは ATM の数が多いと錯覚するほどである。それだけ、コペンハーゲンが観光客を引き寄せる街なのだろう。

5-7 フィンランド

5-7-1 北欧で唯一ユーロを使う国

⑴ ブランド系デビットカードがキャッシュレスを牽引

フィンランドは北欧では唯一ユーロを通貨として利用している。そのため、他の北欧諸国とは多少異なるキャッシュレス化の道を歩む。

スーパーマーケット、コンビニ、そして露店でもカード決済端末は導入されている。フィンランドには、デンマークの Dankort のようなナショナルブランドのデビットカードはなく、Visa、Mastercard のクレジットカードと Visa Electron、V Pay、Maestro のブランド系デビットカードがキャッシュレス化を牽引している。

⑵ 個人間送金も普及

そして、スウェーデンの Swish 同様に個人間送金も普及し、Siirto が利用されている。加えて、デンマークの Mobile Pay はフィンランドにも進出し、一部のファストフードチェーンなどでも利用可能である。

5-7-2 ギャンブルもキャッシュレス

⑴ Self-Checkout はまだ人気がない

フィンランドの大手スーパーマーケットは S Market（エスマーケット）、

K Market（ケーマーケット）、そしてドイツ系のディスカウントスーパー LIDL（リドル）が人気である。

　スーパーマーケットでは冷凍食品の種類、量が圧巻である。店舗の3分の1程度は冷凍食品が占拠している。また、量り売りの商品が多い。好きなモノ、好きな量を自分で秤に乗せ、打ち出されるシールを商品に貼付し、レジにもっていく。

　Self-Checkout も導入されている。Self-Checkout に誘導する看板も目につくが、有人レジのほうが利用されている。それほど混雑も激しくないため、有人レジのほうが楽なためであろう。Self-Checkout の利用を促進するには、有人レジよりも並ばないですむというメリットが必要であり、行列がなければ、商品点数にもよるが、有人レジのほうが楽なのはたしかである。

写真5−14　カード決済端末が備え付けられ
ているスロットマシーン

著者撮影（2018年）

⑵　意外なことにギャンブル大国

　S Market、K Market、LIDL でも、大手スーパーマーケットにはスロットマシーンが設置されている。意外であったが、フィンランドはヘルシンキ中央駅にカジノがあるほど、カジノ大国である。

　スーパーマーケットでのショッピングのついでに主婦や高齢夫婦がスロットマシーンに興じる姿は斬新であった。18歳未満は法律で禁止されているが、ここまでオープンに賭け事ができるのも、ある意味、北欧らしい。

　そして、このスロットマシーンだが、現金での勝負もできるが、カード決済端末が備え付けられ、カードで勝負もできる。キャッシュレス化が進展した都市の一幕である（写真 5 - 14）。

5-7-3　銀行の店舗は減少、ATM は Otto.（共通 ATM）

⑴　銀行は３大グループに集約し、銀行の店舗は見つからない

　銀行は Nordea、OP Bank（オーピーバンク）、Danske Bank の３大銀行グループに集約されている。

　銀行の種類も少ないが、首都ヘルシンキであっても、銀行の店舗を探すのは一苦労である。OP Bank、Danske Bank はヘルシンキ中央駅前で見つかったが、Nordea は人気観光スポットのヘルシンキ大聖堂前に店舗を構えていた。

　また、銀行が提供する ATM は街中では見つからない。

⑵　共通 ATM で存在感をみせる Otto.

　フィンランド語で Otto（オットー）は出金を意味する。入金は Talletus（タルタス）である。

　街中では、銀行の ATM にかわり、オレンジ色の Otto. という名称の ATM が存在感をみせる。ただし、Otto. という名のとおり、出金機能だけである。

　フィンランドの ATM の数は減少傾向にあるが、Otto. の ATM はスーパーマーケット付近には必ずあり、大通りを歩いていると、いくつも目にす

写真5-15 Otto. のATM

著者撮影（2018年）

る（写真5-15）。

　なお、北欧でも、スウェーデン、デンマークでは観光客向けのATMは多々見かけたものの、住民向けのATMはほとんど見かけることはなかった。

　Otto. の存在は、フィンランドが北欧で唯一ユーロを通貨として採用していることが関係しているのかもしれない。実際、現金で決済する割合はスウェーデン、ノルウェーが15％、デンマークが29％に対し、フィンランドは54％とかなり高い。つまり、キャッシュレス化は進展しているが、決済の2回に1回はいまだ現金が使われている。なお、オランダ、ベルギーも63％とフィンランドと近い数字となっている（決済回数のうち、現金で行われた割合）。

5-8 ドイツ

5-8-1 日本よりもキャッシュレス化が遅れる国

⑴ キャッシュレスを歓迎しない街

経済産業省の資料によると、ドイツは日本よりもキャッシュレス決済比率が低く、先進国では最低レベルである。

ケルンまではアムステルダムから高速鉄道 EC（EuroCity）でわずか3時間だが、まったく異なるキャッシュレス化の光景が広がっている。

街中の店舗にはカード決済端末は規模の大小を問わず普及している。これは感覚的なものだが、店舗が積極的にカード決済を歓迎しているようには感じない。キャッシュレス化が進展している他の欧州の国々では、カード決済端末の主張が強く、目立つ。しかし、ドイツでは一歩控えた感じである。アクセプタンスマークが店頭に示されていることも少ないことから、店舗側もカード決済を歓迎していないのかもしれない。

⑵ キャッシュレス化が進まない理由はわからない

銀行口座保有率は高く、そのATMカードにはgirocard（ジャイロカード：デビットカード）、Geldkarte（ゲルトカルテ：電子マネー）が付帯され、ほぼすべてのドイツ国民がキャッシュレス決済に利用できるカードを保有している。

つまり、ドイツでは店舗、消費者の双方で、キャッシュレス決済環境が整っているにもかかわらず、キャッシュレス化は進展していない。

高齢者を中心にスマホなどの最新技術への信頼感が低いこと、第二次世界大戦時のナチスの記憶から、情報を管理されることを嫌い、電子決済により、自分の情報をとられることを避ける傾向にあること、また歴史的に古くはドイツの高級レストランでは、カード決済を受け入れていなかったため、

カード決済に良いイメージがない（かっこ悪い、貧乏くさい）など、さまざまなことがいわれているが、キャッシュレス化が進まない理由は定かではない。

加えて、移民が多いことも原因の一つと考えられる。移民は銀行口座を保有せず、キャッシュレス決済の手段をもたない可能性が高い。ドイツはOECD加盟国では最も移民を受け入れており、2015年のデータであるが、201万6,241人の移民を受け入れている。ちなみに、すでに日本も移民大国であり、桁は違うが、同年単年で39万1,160人の移民を受け入れており、OECD加盟国で第4位の移民大国である（出典：OECD）。

5-8-2 カード決済環境は整うが、現金で支払われる店舗

(1) 決済手段を決めるのは消費者自身

ドイツの一般的なスーパーマーケットチェーンのRewe（レーベ）ではカード決済端末は設置されているが、Self-Checkout は導入されていない。著者が買い物をした前後は、すべての人が現金で決済を行っていた。また、ファストフード店、ドラッグストアにも立ち寄ったが、同様にカード決済端末が設置されてはいるものの、カード決済をみることはなかった。

ドイツが現金主義であることを再認識させられたが、カード決済ができないわけではなく、消費者自身が現金決済を選択している。当然だが、決済手段を選択する権利は消費者がもっている。

(2) 閉店法はキャッシュレス化進展のきっかけにならないか

ドイツの小売店では閉店法という法律により、営業時間に制約がある。州により詳細は異なるが、国の定める基本的な閉店時間は、日曜日と祝日、平日（月～土）の6：00までと20：00以降、12月24日のクリスマスイブは6：00までと14：00以降となっている。私が訪問したのが、水曜日であったため、特に混乱はなかったものの、休日前のスーパーマーケットは大混雑とのことである。

閉店法の詳細を把握していないが、この閉店法で営業が禁止されている時

間帯こそが、無人店舗が活躍できる条件が整い、キャッシュレス化を進展するきっかけになるとも考えられる。必要に迫られれば、キャッシュレス決済を嫌うドイツ国民も、キャッシュレス決済の無人店舗などを利用せざるをえない。

　実現可否はわからないが、このように、キャッシュレス化を進展させるためには、その必要性をつくりだすことも重要である。当然、消費者の日常生活の利便性が向上することが前提となることを忘れてはならない。

5-8-3　日本と似た銀行

⑴　合併・統合が進まない銀行

　基本的に、キャッシュレス化の進展する他の欧州諸国では、銀行の合併・統合が進み、少数の銀行グループの寡占状態となっている。しかし、ドイツでは現在でも、約2,000の金融機関が存在する。これはキャッシュレス化の進展と銀行の存在には因果関係があるということの証拠である。

　実際、観光スポットとして有名なケルン大聖堂（ケルン中央駅の隣）の周囲徒歩3分程度の範囲でも、Deutsche Bank（ドイチェバンク）、Sparkasse bank（シュパーカッセバンク）、Sparda Bank（シュパルダバンク）、BB bank（ビービーバンク）、ZIRAAT BANK（ズィラートバンク）、PAX-Bank（パックスバンク）といくつも銀行の店舗、ATM を見つけることができる。アムステルダム、ヘルシンキなどでは、銀行の店舗を探すだけでも一苦労だが、ケルンでは、日本と同様に銀行は身近に存在している。

　同様に、ドイツ語で ATM を Geldautomat（ゲルトアウトマート）と呼ぶが、街中には多数設置されている。店外の路面の壁に埋め込まれているものもあれば、複数の ATM を設置した店舗型もある。さらには、EC（Euro Check）の ATM が目立ち、ATM の共同利用も進んでいる（写真5－16）。

⑵　日本と似た従来型の銀行店舗

　アムステルダム、ヘルシンキなどの先進的な銀行の店舗をみてきたこともあるが、ドイツの銀行の店舗は少し懐かしい。日本の銀行の店舗と雰囲気が

写真5−16　EC（Euro Check）のATM

著者撮影（2018年）

似ている。当然、現金も扱っている。窓口に呼ばれるのを待つ客が椅子に腰
かけているようすも、日本と同じである。キャッシュレス先進国のラウンジ
のような雰囲気はなく、当然、コーヒーなどのサービスもない。

(3)　モバイル専業銀行も登場

　ドイツでも Deutsche Kredit Bank（ドイチェクレディットバンク）、
Comdirect（コムディレクト）、Consorsbank（コンソーズバンク）、
1822direkt（1822ディレクト）、Wüstenrot Direct（ヴュステンロートディレ
クト）、ING-DiBa（アイエヌジーデイバ）など、チャレンジャーバンク（モバ
イル専業銀行）が登場している。

　そして、2016年、N26の登場である。一般的に欧米の従来型の銀行もだ
が、ドイツの銀行も、新規に銀行口座を開設するだけでも、いくつも書類を
提出するなど手間がかかり、1週間程度の時間を要する。N26はスマホだけ

で、約 8 分で銀行口座開設ができることで話題となった。モバイル専業のため、店舗も、ATM もないが、Rewe などのスーパーマーケットチェーンでのキャッシュアウトも可能とし、キャッシュレス化が遅れるドイツでも問題はない。

(4) キャッシュアウトはキャッシュレスを進展させる

キャッシュアウトは、日本でも、2018年 4 月の銀行法施行規則改正による規制緩和により、解禁されたサービスだが、いまひとつはやっていない。しかし、ドイツに限らず、欧米先進国では一般的なサービスである。日本でも、N26のような店舗、ATM をもたないネット銀行が、小売店と提携し、キャッシュアウトに取り組めば、利用も促進され、知名度も上がるだろう。

なお、誤解もあるが、キャッシュアウトは現金決済を推奨するものではなく、キャッシュレス化の推進施策の一つである。本来は、デビットカードの利用を前提とする社会が構築され、そのなかで取り残される部分、つまり、キャッシュレス決済の設備をもたない小規模店舗での買い物や寄付など小銭が必要となる際に、デビットカード決済のついでに、現金も取り出せるというサービスである。わざわざ、ATM で現金を引き出す手間が省け、非常に利便性の高いサービスである。

しかし、日本では、キャッシュアウト用の対面レジが設置され、ATM の苦手な高齢者が店員と会話をしながら現金が引き出せるなど、欧米のキャッシュアウトとは異なる使われ方をしているため、キャッシュレス化の進展とは逆行するものと勘違いされることもある。

(5) 消費の中心が若者へシフトすることで、キャッシュレス化は進む

N26をはじめとしたモバイル専業銀行は、サービスが評価され、Millennial（ミレニアル）世代と呼ばれる若者を中心に受け入れられている。

また、ドイツでも EC ははやっている。EC での支払手段をみると、PayPal の利用率が高いことがわかる。PayPal の人気を利用し、Google もドイツでの Google Pay のサービスを検討している。今後、消費の中心が、Millennial 世代以降にシフトするに従い、その利便性が理解され、キャッ

シュレス環境は整っていることから、急速にキャッシュレス化が進展する可能性は高い。

5-9　スペイン

5-9-1　現金決済環境が整い、キャッシュレス化が遅れる国

　スペインは欧州先進国のなかでは、キャッシュレス化が遅れる国の一つとしてあげられる。しかしながら、街中の小規模店舗でもカード決済端末が導入され、キャッシュレス決済環境は整備されている。ただ、カード決済端末が目立つことはなく、レジの片隅にひっそりと置かれていることが多い。店舗側も決済手数料等の関係もあり、積極的にカード決済を勧めていないと思われる。

　スペインのキャッシュレス化が進まない理由は定かではないが、人口の約20％が農村人口であること、そして銀行店舗、特に ATM の数が欧州では圧倒的に多く、現金を中心とした社会環境が整うことがあげられる。日本と近しい環境である。

　なお、バルセロナのメトロは IC 乗車券を導入していない。キャッシュレス化を進めるには、日常生活に身近な交通手段から手をつけることも必要かもしれない。

5-9-2　カード決済インフラは整うが、現金で支払われる店舗

(1)　サービスは品揃えが最優先

　スペインは小売店のチェーン化があまり進んでおらず、パパママショップ的な個人事業主の店舗が多いが、カード決済端末はほとんどの店舗で導入されている。また、街中には市場もあり、観光スポットとしての役割も担う

が、市民の台所として重要な役割を担っている。

　数少ないチェーン店の一つ、MERCADONA（メルカドーナ）では、カード決済は可能であるが、Self-Checkout などのキャッシュレス化を生かした新しい決済の仕組みは導入されていない。著者のみる限りでは、それなりのレジ待ちの行列ができ、そしてすべての人が現金で支払っていた。

　ただ、店内は市場を想像する生鮮食品の量り売りが行われ、現時点では、消費者へのサービスはレジ待ちの解消よりも、鮮度の良い食品を取りそろえることが重要という段階なのであろう。

　高級デパート El Corte Inglés（エルコルテイングレス）は、Self-Checkout はいうまでもなく、Click & Collect、Click & Express（時間指定）、Click & Car（ドライブスルー的に、自動車に乗車したままで商品が受け取れる）などの新しいサービスを積極的にプロモーションしているが、まだ利用者は少ないようである。

　フランス資本の Alcampo（アルカンポ）でも、やはり、Self-Checkout は導入されているが、有人レジを利用する消費者が多い。スペインでは Self-Checkout はまだ一般的なものとして普及していない。Self-Checkout は慣れてしまえば簡単なのだが、最初のとっかかりには抵抗があるのも事実である。著者も海外では、万が一に備え、英語が堪能な人が一緒のときにしか利用していない。

⑵　成長が見込まれる EC、宅配サービス

　スペインでも EC は盛んである。そのなかでもスペインの Amazon と呼ばれる eShop Ventures（イーショップベンチャーズ）がスペインの EC を牽引している。

　また、Amazon も進出しており、闘牛場跡地のショッピングモール Las Arenas（ラスアレナス）の地下駐車場には Amazon Locker（アマゾンロッカー）も設置されている。そしてその隣には宅配ロッカーサービスの Pudo（プドー）のロッカーもある。また、Carrefour には City Paq（シティパク）という宅配ボックスが設置され、EC に対応した仕組みも整いつつある。

そして、宅配サービスも人気が出始めている。Glova（グローバ）という
スタートアップがその市場を開拓している。レストランなどの料理を宅配す
るUber Eatsというよりは、インドネシアのGojekのように日用品も含め、
何でも運ぶ買い物代行である。実際、サグラダファミリア前の道路を颯爽と
走るGlovaの自転車を何度も見かけた。

⑶ 市民の足となるシェアサイクル

自転車といえば、バルセロナの街中では、真っ赤な自転車をよく見かけ
る。Bicing（バイシング）というシェアサイクルの自転車である。420カ所の
自転車ステーションと6,000台以上の自転車が用意され、登録者は10万人を
超えている。1カ月ごとに、100万回以上の利用があることからも、市民の
足として定着している。利用方法は簡単で、自転車ステーションのセンサー
に、登録カードをかざすと、利用できる自転車の番号が示され、その自転車
を利用できる。そして返却も自転車ステーションが420カ所もあるため、非
常に便利である。

キャッシュレスとは関係ないが、欧州では、環境問題、健康志向の点か
ら、バルセロナもだが、ロンドン、コペンハーゲン、ブリュッセルなどでも
シェアサイクルは非常に人気が高い。

5-9-3 キャッシュレス化の遅れとは逆行する銀行の進化

⑴ 銀行は3大銀行グループに集約

キャッシュレス化の進展と銀行の存在には因果関係があると述べてきた
が、ここスペインは例外である。2012年の不動産バブル崩壊後のスペイン経
済危機を契機として、合併・統合が加速し、3大銀行グループに集約されて
いる。そして、その3大銀行だが、三行三様の明確に異なる戦略に基づき、
活動しているところがおもしろい。

Banco Santander（サンタンデール銀行）はスペイン最大の銀行だが、欧州
でも有数の銀行グループとして名が通る。ロンドンのシェアサイクルは
Banco Santanderのイメージカラーの赤であり、そしてSantanderの文字

が大きく示されている。さらに旧植民地のラテンアメリカのスペイン語圏に進出している。Banco Santander の戦略はグローバル化である。

第2位は Banco Bilbao Vizcaya Argentaria S.A.（ビルバオ・ビスカヤ・アルヘンタリア銀行）である。通称の BBVA といったほうがわかりやすいかもしれない。アメリカ南部にも、BBVA Compass として進出するが、Banco Santander と同様に、ラテンアメリカにも進出する。ただし、BBVA の特徴はグローバル化ではない。Money20/20の主要スポンサーとして、そのイベントをリードするとともに、毎回最新の自行のデジタル化の取組み、FinTech 情報を提供している。実際、欧州では2018年の PSD 2 の施行に伴い、API の公開が義務づけられたが、BBVA はそれ以前から自主的に API を公開するなど、非常にデジタル化に積極的な銀行である。最近では世界各国の主要な FinTech のスタートアップへの投資、買収も手がけている。代表的なところでは、イギリスのチャレンジャーバンク ATOM Bank の株式取得、フィンランドの Holvi（ホルビ）、メキシコの OpenPay（オープンペイ）の買収である。BBVA の戦略はデジタルである。

第3位は Caixa Bank であり、その戦略はリテールである。

⑵ リテールに特化する Caixa Bank

Caixa Bank はカタルーニャ地方を地盤とする La Caixa Group の銀行である。

イギリスの Metro Bank と同様に店舗を Store と称し、小売店のように気軽に入れ、コミュニケーションを重視した店舗を目指している。実際に店舗は非常に広々とし、高級サロンのようである。コーヒーも無料で提供され、銀行では珍しくトイレが利用できる。海外では外出時トイレを見つけることが難しく、ほとんどが有料であるため、非常にうれしいサービスであり、Caixa Bank のおもてなしの精神の象徴である。

行員はタブレットを片手に顧客の相談に対応し、アドバイスを行う。なお、行員は現金を扱うことはない。

Yellow Point と呼ばれる ATM は非常に特徴的である。黄色の縁で囲ま

れ、路面の壁に埋め込まれた ATM は、遠くからでも非常に目立つ。機能も充実し、入出金はいうまでもなく、単純なローンの申込みも可能である。そして、スペインの高齢者は通帳記帳を重要視しているため、最近の ATM では珍しく、通帳記帳の機能も備えている（写真 5 – 17）。

　また、顔認証による取引もすでに実用化されている。ATM カードを挿入後、パスワードのかわりに顔だけで認証する。日本では生体認証を利用の際、数桁のパスワードの入力を求められることが多いが、Caixa Bank の顔認証は非常に楽である。ただし、太陽光には弱く、顔認証は屋内の ATM に限られていることは付け加えておく。さらに、画面を 2 つ有している。1 画面は一般の ATM と同様だが、もう 1 画面は取引履歴に応じたプロモーションが流れる。

　プロモーションは店舗でもおもしろい取組みを行っている。銀行とはまったく関係ない商品が店舗内に展示されている。著者が訪問した際は、携帯電話とホームセキュリティ機器の展示であったが、シーズンに応じ適切な商品を展示している。その商品を Caixa Bank のローンなどを利用し、購入してくれれば、Caixa Bank にとってもメリットがある。

　店内には、もう 1 つおもしろい展示物があった。IC チップ内蔵のリストバンドである。バルセロナの夏は、美しい地中海をはじめ屋外での楽しみが多い。その際にはカードは邪魔となるため、このリストバンドが役に立つという目算であったが、現時点ではあまり人気はない。ちなみに、1 回の決済金額の上限は20ユーロ（約2,400円）であり、海岸で遊ぶには十分な金額である。昨今は Apple Watch などウェアラブル化の流れもあり、Caixa Bank によるこのサービスは早過ぎたのかもしれない。

⑶　街角には 3 大銀行が隣接して出店

　3 大銀行の店舗は街中の至るところで見かける。実際、10万人当りの店舗数は58.5店（2017年）で、日本よりもはるかに多い（出典：World Bank）。そして、3 銀行がほぼ同じ立地に出店しているのもおもしろい。バルセロナの街を歩いていると、たとえば、Banco Santander（傘下の Popular Bank を含

写真 5 −17 Caixa Bank の ATM

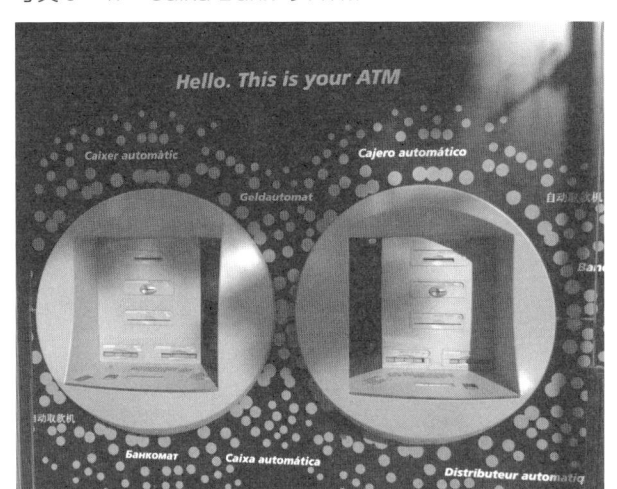

著者撮影（2019年）

む）を見かけると、交差点を渡ると、Caixa Bank があり、その先には BBVA があるというさまである。

ATM は駅、ショッピングセンターなど人が集まるところには、各行の ATM が設置されている。さらに、Servired、Euro6000、Telebanco 4B と 3 つの ATM ネットワークがあり、ATM は非常に充実している。10万人当りの台数は2014年までは日本よりも多く、2017年時点でも111.8台と、かなりの台数である（出典：World Bank）。ただし、この ATM の多さが、キャッシュレス化の進展を遅らせる現金決済を支える基盤でもある。

⑷　モバイル専業銀行の登場

Banco Santander は Open Bank（オープンバンク）、Caixa Bank は Imagin Bank（イマジンバンク）とそれぞれ、別ブランドでモバイル専業銀行を設立している。BBVA は自行自身がデジタルに特化しているため、特に別ブランドでの銀行を設立する必要はないのだろう。

Open Bank は Money20/20での講演によると、機動力がある対応をする

ために、別ブランドの銀行を設立し、PCとモバイルは共通のデザインとするなどストレスフリーなUX（User Experience：顧客体験）を提供し、スペイン国内で100万人以上の顧客を獲得している。

Imagin Bankは、2016年に設立され、スマホアプリで、銀行口座、クレジットカード、消費者ローンの申込み、個人間送金が可能である。さらには、Facebookで残高照会、取引履歴の参照ができるため、スマホ上で、日常的な銀行サービスを利用ができる。

日本では、メガバンク、地銀大手でも、別ブランドの銀行は存在しないが、今後はリテールに特化した、機動力のあるセカンドブランドのモバイル専業の銀行も登場するだろう。

⑸　さまざまな決済手段の登場

さらに、BBVAはBBVA Wallet、Caixa BankはCaixa Walletも提供している。そして、フランスの通信会社のOrange（オレンジ）はスペインにも進出しており、Orange Cash（オレンジキャッシュ）というモバイルウォレットサービスを提供している。

また、スウェーデンのSwish、デンマークのMobile Payと同様の個人間送金Bizum（ビズム）も2016年に登場した。これは3大銀行を中心にスペインの金融機関が共同で開発した仕組みであり、決済手段としてではなく、まずは個人間送金としての普及が期待されている。

　Orange は世界有数の通信事業者であるフランステレコムの主要ブランドであり、フランスの旧植民地を中心に通信事業を30カ国以上に展開している。

　その基盤を生かし、2008年、マダガスカルで Orange Money をスタートした。アフリカでは銀行口座保有率が10％に満たない国も多く、金融包摂に取り組んでいる。そして、フランスには、旧植民地（CFA（セーファー）：フランを通貨として採用している国）からの出稼ぎ者が多く、安心・安価な国際送金サービスとして人気がある。そして、2017年、フランスで銀行免許を取得し、チャレンジャーバンクの仲間入りをしている。

第6章

北　米

6-1 アメリカ

6-1-1 経済大国、そして格差社会ゆえのキャッシュレス社会への壁

(1) キャッシュレス化へ向けた2つの壁

経済大国アメリカは、主要カードブランドの誕生の地でもあり、クレジットカード大国ともいわれる。スーパーマーケット、コンビニ、そして露店でも、Square などの mPOS を含め、カード決済端末は導入されている。

しかしながら、格差社会でもあるアメリカは一説では人口の3分の1は銀行口座を保有しない Unbanked といわれている。彼らはデビットカードもクレジットカードも保有しておらず、現金だけで生活をせざるをえない。つまり、店舗のキャッシュレス決済の環境が整ったとしても、利用者である消費者側がキャッシュレス決済の手段をもっていない。そのため、全国、全住民一律のキャッシュレス化へのハードルは高い。

そして、消費の中心となりつつある1980年代半ばから2003年までに生まれた Millennial 世代、そしてその世代に続くZ世代の存在がある。生まれながらに PC、スマホに触れている Digital Native（デジタルネイティブ）である彼らに受け入れられるサービスを提供することが求められている。

アメリカは経済、技術大国として世界の最先端を走りつつも、貧困層も含めた Unbanked と消費の中心となりつつある Millennial 世代、Z世代に対し、キャッシュレス化においても多様な対応が必要である。

(2) 中国よりもはるかに長い歴史をもつスコアリング社会

最近では、スコアリングというと、中国の Alibaba グループの芝麻（ゴマ）信用が有名だが、アメリカは中国よりもはるかに長い歴史をもつ FICO（ファイコ）スコアを用いたスコアリング社会である。

新社会人や新たにアメリカに渡った人々、また返済の遅延など事故経験者は、クレジットカードを保有することは困難である。クレジットカードを保有するためには、数年間の適切なクレジットヒストリー（返済履歴）が必要とされる。そのため、クレジットカードを保有したい新入社員は、まずは比較的に審査が甘いハウスカードやデビットカードでクレジットヒストリーを蓄積する。

　また、クレジットスコアは、クレジットカードの審査、ローンの金利などの金融関連だけではなく、進学、就職など社会生活にも影響を及ぼす。

　クレジット大国といわれるアメリカだが、審査に通らない人も多く、クレジットカードの普及率、利用状況はデビットカードには及ばない。また、逆に、一部の高所得者は現金を扱うこともない。格差社会のアメリカらしい状況である。

⑶　スコアリング方式の変化

　スコアリングでは最近新たな動きもある。従来のFICOスコアは基本的に履歴による審査である。たとえば、富裕層であり、収入も財産も問題ない場合でも、クレジットカードを利用しない現金主義者は高いスコアを得ることはできない。カード決済を行い、適切な返済を繰り返さなければならない。

　言い方を変えると、現金だけで堅実な生活を送るよりも、散財をして、どうにか返済を続けるほうが高いスコアを得ることができる。アメリカのクレジットカードの返済は、基本的にリボ払いで、ミニマムペイメント方式（指定された最低金額を返済し続ければ、事故にはならないが、債務が減ることもない）が主流なため、少額の返済を怠りなく続けていれば、クレジットスコアが下がることはない。

　最近、Ultra FICO（ウルトラファイコ）という新たなスコアリング方式が発表された。これは、従来の履歴による評価だけではなく、現時点での預金などの資産も評価に加えるものである。

⑷　完全キャッシュレス店舗の禁止

　人口の3分の1を占めるといわれるUnbankedの存在により、一律な

キャッシュレス化の推進は難しいのがアメリカの真実である。

　実際、ペンシルベニア州フィラデルフィア市は、完全キャッシュレス店舗を禁じる条例を制定し、2019年7月1日に施行した。この動きはフィラデルフィア市だけのものではなく、ニューヨーク、サンフランシスコ、シカゴ、ワシントンD.C. でも同様の条例の制定が検討されており、アメリカ全土に広がる可能性もある。Amazon Go を含め、完全キャッシュレス店舗を目指す小売店は戦略の変更を迫られている。

　デンマークでは完全キャッシュレス店舗を認める法律が施行されているが、アメリカはまったく逆の動きである。多民族国家であり、移民も多いアメリカの難しい一面である。

(5)　重要顧客層である Unbanked 対応

　条例での規制もあるが、Amazon、Walmart（ウォルマート）はクレジットカード、デビットカードを保有できない人向けの対策は講じている。Amazon.com では、基本的に決済は登録してあるクレジットカード、デビットカードで行われるが、提携店舗から現金を Amazon アカウントに入力できる Amazon Cash というサービスを提供している。Amazon アカウントに入金されると同時に、Amazon.com でショッピングができる。

　Walmart の Walmart Pay は、Unbanked でも保有できるプリペイドカードでも登録できる。また、決済方式は QR コード決済であり、NFC チップが搭載されていない安価なスマホでも利用できる。さらに、Walmart はアメリカ全土に展開する店舗網を生かし、格安な国内送金サービスも提供している。郊外型のディスカウントスーパーである Walmart にとっては、Unbanked を含む貧困層は重要な顧客層であり、無視できない存在である。

(6)　金融リテラシー教育の実施

　また、クレジットスコアの低い層や Millennial 世代、Z 世代という若者向けの、金融の知識の修得とスコアリングスコアの向上を目的とした融資サービスも登場している。

　たとえば、Lend UP（レンドアップ）である。金融に関する教育を実施し、

講座の受講履歴やテストに合格することで金利を軽減する。また同様に、ローンの適切な返済実績に応じて、金利を軽減している。

加えて、Credit Karma（クレジットカルマ）、Credit Sesame（クレジットセサミ）は自分のクレジットスコアを参照できるサービスを提供し、適切なカードを紹介しながら、顧客ごとにクレジットスコアを向上させるためのアドバイスを行う。

参考 南アフリカの金融リテラシー向上への取組み

南アフリカの人口は約5,500万人で、15〜24歳の若者が占める割合は約20%という若い国家である。15〜24歳の若者のうち、銀行口座保有者は半数にも満たない。

給料を銀行に預金する、将来のための貯蓄や投資などの金融リテラシーは非常に低い。また、クレジットスコアが低い人が1,000万人を超え、融資やクレジットカードなどのサービスを受けられない人が多い。

その南アフリカの若者に対し、オーストラリアの大手銀行のCommonwealth Bank（コモンウエルスバンク）がTime Coach（タイムコーチ）というチャットサービスを始めた。

AI が MAX（Chat の会話の相手）として対応し、「支店や ATM の場所を知りたい」「今月の入出金額を知りたい」「クレジットスコアとは何か、どのように評価されるのかを知りたい」などの質問に回答する。教科書的な回答ではなく、会話形式での対応となるため、ユーザーが身構えることなく、必要な金融リテラシーを自然に身につけてもらうことを目指している。当然、将来的には、Commonwealth Bank の優良顧客になってもらうことをねらっていることはいうまでもない。

---

(7) 消費の中心となる Millennial 世代への対応

アメリカでは Millennial 世代が消費の中心となりつつある。彼らは生まれながらに PC やスマホを手にした Digital Native でもある。

金融サービスも彼らを中心に展開されつつある。たとえば、個人間送金では、Venmo（ベンモ）というサービスが大学生などの若者の間で大流行して

いる。Venmo はもともと若者の間で流行の SNS ツールであり、イベント、パーティーの招集、参加の意思表示などに利用されており、その発展型として、会費の徴収にも利用され始めたものである。

その Venmo の躍進に対抗し、大手銀行を中心に、Zelle（ゼル）を開発した。なお、Zelle は銀行連合が提供するサービスのため、送金に要する時間は Venmo よりも圧倒的に速く、ATM などで積極的なプロモーションを行い、各行のウォレットサービスへ搭載するなど知名度の向上にも取り組むが、現時点では Venmo の勢いには追いついていない。

6-1-2　小売ではリアルと EC の融合が進む

⑴　UX の重要性に対する気づき

また、昨今、アメリカでは、UX の重要性が訴えられている。日本でも最近では AI という言葉を耳にしない日はない。IT 企業だけではなく、小売、銀行など各業界、各社積極的に取り組んでいる。

しかしながら、AI の実用化では日本のはるか先を行くアメリカでは、すでに AI 絶対論は語られることはない。AI だけに多大な投資をして、もし絶対的な AI が実現できたとしても、UX が悪ければ、まったくビジネスには貢献しないことをすでに経験ずみだからである。

たとえば、AI で絶対的なスコアリングが可能だとする。顧客を適格に判断し、貸倒れのリスクもない。しかしながら、ローンの申込サイトの導線が悪く、入力項目が多過ぎ、見た目も悪ければ、顧客はそのサイトから離反し、絶対的な AI によるスコアリングを使う機会を逸する。

また、AI により絶対に的中するターゲットマーケティングが可能となり、販売サイトに集客できても、同様に UX が悪ければ、顧客はそのサイトから離反してしまう。

2 つの例は、Web の世界のものとなるが、リアルの世界でも同じことがいえる。

Capital One が、AI の投資を抑制し、UX の専門家をヘッドハンティング

したことをはじめ、多くの金融機関が UX 専業会社を買収するなど、UX に注力している。アメリカのこの動きをみると、現在の日本の何でも AI を利用しようという動きには、かなりの危機感を感じる。

(2)　小売業では EC とリアルのよいところどりが求められる

UX に関しては、EC とリアル店舗での買い物の仕方にも変化を与えている。EC でのショッピングに慣れてしまった消費者は EC の利点をリアル店舗に求め、EC とリアルの双方の利点を融合した店舗が期待されている。

たとえば、消費者は買い物の際に、レジ待ちを最も嫌う。これは世界共通である。レジ待ちの行列は EC の世界ではありえない。その対応として、Self-Checkout や Self-Scan（Scan & Go）などのサービスを取り入れる必要がある。

また欠品も許されない。店舗に在庫がない場合でも、その場で、EC で注文できる Endless Aisle も期待されるサービスである。

さらに、アメリカは日本とは比べものにならないほど返品が多い。EC で注文した商品も、店舗で返品を受け付けることは消費者の期待するサービスである。わざわざ梱包し直し、宛名を書き、郵便局などへもっていく手間が省ける。

また、EC とリアルの双方に出店している店舗では、双方の顧客を別々に管理していたものを統一する動きもある。その結果、いままでは同一人物をリアルと EC の別人格として管理していたものを、一人の人格として管理、分析でき、その精度は格段に上がっている。

EC とリアル店舗の融合（図表6－1）の動きの象徴として、EC の雄である Amazon、リアルの雄である Walmart がそれぞれ、リアル店舗、EC へと進出を果たしている。

(3)　EC からリアルへ向かう Amazon

Amazon.com の登場により、アメリカでは多くの小売店が倒産、閉店に追い込まれている。Amazon はさらにその資金力、技術力を生かし、リアルの世界へと進出し、小売業界へ変革をもたらせている。もはや、EC の雄と

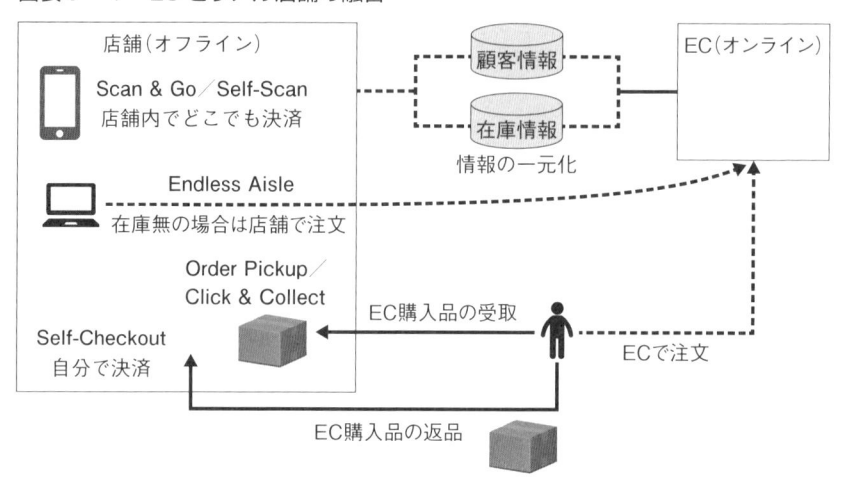

図表 6 - 1　EC とリアル店舗の融合

いうよりは、小売の王という表現が適切かもしれない。

　Amazon の強さについて、ある大手決済事業者の講演を聞く機会があった。「アメリカの EC の成長率は60％に達するが、オフライン（店舗）を含めた小売業全体となると、成長率は２％にも達していない。そして、EC の成長のうち、50％以上は Amazon によるものである。これはアメリカに限った話ではなく、イギリスなどの他の先進国でも同じ状況であり、閉鎖する店舗の数は、開店する店舗数の２倍以上にも達する。競合の小売業者は、迅速な配送、低価格、高品質な商品、優れた UX など効率性と利便性の向上を実現してはいるが、Amazon の独り勝ちは変わることはない。新たに Amazon が進出したブラジル、オーストラリアでも、ローカルの小売業者は脅威を感じ、Amazon の進出を歓迎していない」と Amazon の勢いと脅威を述べている。

　Amazon のリアルへの進出の代表的なものは、高級生鮮スーパーマーケット Whole Foods Market である。EC では生鮮食品の扱いは不利であり、その弱点を補強している。そして、生鮮専用の宅配サービス Amazon Fresh（アマゾンフレッシュ）、さらに Amazon Fresh Pickup というドライブスルー

図表6−2　Amazon の主なサービス

型の商品受取サービスを提供している。さらに、配達時の不在対応として、Amazon Locker を街中に設置し、サンフランシスコであれば、セブン–イレブンの店舗奥に設置され、大学の構内でも見かける。不在対応はさらに進化し、Amazon Key では、自宅の鍵を開け、一部のコネクテッドカーであれば、自動車にも配達してくれる。

　さらに、注文方法も進化している。Amazon Echo（アマゾンエコー）により、音声での注文が可能となり、Amazon Wardrobe（アマゾンワードローブ）は購入前に試着ができる。

　返品対策にも怠りはない。KOHL'S（コールズ）と提携し、その受付にて、Amazon.com で購入した商品の返品対応を行っている。

　そして、初期のビジネスに立ち戻り Amazon Books（アマゾンブックス）、無人レジ店舗 Amazon Go、さらには Amazon 4-Stars（アマゾンフォースターズ）と経験を積みながら、EC の利点を生かし、着実にリアルの世界へと進出を続けている（図表6−2）。

(4) 効率化でも、人手不足対応でもなく、UX 向上を実現した Amazon Go

Amazon Go の 1 号店であるシアトルの店舗だが、取材陣や観光客も少なく、すでに日常生活を支える店舗となっている。

まず、Amazon Go の感想を 3 点記す。

① Amazon Go は無人店舗ではない。店舗には最低 4 人のスタッフが勤務している。中国、韓国などのコスト削減対応や労働力不足を補うための無人店舗・無人レジ店舗とは根本的に発想、目的が異なる。

② 食料品（軽食類）が充実している。店舗に隣接した調理スペースで調理した新鮮、出来立てのサンドイッチなどが主力商品である。イートインコーナーもあり、電子レンジも設置されている。付近には飲食関係の店舗が少ないため、Amazon 社員向けの社員食堂的な役割も担っている。日本流にいうとお弁当屋さんである。

③ 決済という行為を意識しない。Amazon Go のいちばんの売りとなるが、レジ待ちなどで時間をとられることなく、消費者本来の目的であるモノの購入だけを実現できる。

(5) Amazon Go に入店してみる

Amazon Go の店舗だが、約50坪の敷地であり、日本の標準的なコンビニの1.5倍程度の広さである。特に食料品売場は広々したつくりである。店舗はガラス張りで、外からも調理のようすが確認できる調理スペースがあり、食料品に注力していることがわかる（写真 6 − 1）。

Amazon Go に入店するには、1 つだけ準備が必要である。Amazon Go アプリのダウンロードと Amazon ID の登録である。これがなければ、入店はできない。また、入店者を識別することで、過去に支払遅延などの問題がある人やクレーマーなどの入店を拒否することも可能となる。アメリカでは返品が多いが、Amazon.com での返品が基準値以上に多い場合には、Amazon Go の入店は拒否されてしまう。

入店に際しては、アプリを起動し、QR コードを表示し、ゲートにタッチ

写真 6 − 1　Amazon Go の入口と食品売場

著者撮影（2018年）

するだけである。ゲートは入店用が4台、出店用が2台設置され、ゲート脇には店員が控えており、著者のような不慣れな客が来た際には、操作をフォローしてくれる。ただし、入店の操作は非常に簡単であり、困惑することはない。駅の改札で Suica、PASMO などの IC 乗車券をかざして通過するように無意識に対応できる。著者はこの自然な動作が重要であり、Amazon Go の価値と思っている。入店のために、何か日常生活にない動作や操作が必要であれば、違和感や抵抗感をもつが、改札を通過する動作はすでに日常生活の一部であり、自然と身体が動いてしまう。

　ゲートを通過すると、広々としたサンドイッチやミールキット（スウェーデンのレディ・ミールと同じ）などが並ぶ食料品売場が広がる。今回、著者はサンドイッチを購入したが、大きなアメリカンサイズとはいえ、7.49ドル（約820円）と物価の高いシアトルでも、若干高い価格設定である。オフィス街ということもあり、ターゲットとする顧客層は中間層以上なのだろう。

　その奥は、少し狭い通路になり、調味料、洗剤などの日常生活品や Amazon Go のオリジナルグッズ、また、酒類の販売を行っている。なお、

酒類の売場には、IDを確認する店員が常駐する。アメリカでは州にもよるが、酒類の販売の際には、店員によるIDのチェックが法律で義務づけられている。

また、買い物カゴはなく、商品はむき出しでそのまま、もしくは備付けのバッグや持参のエコバッグに入れる。

天井を見上げると、さまざまなセンサーが設置され、画像認識、位置情報などの複数の技術を用いて、消費者と商品を紐づけている。また、店内には、2人の店員が品出しを行っている姿も確認できた。

余談となるが、店内でカメラを片手にした観光気分の者は著者一人であったが、商品やセンサーなどの機器の撮影はすべて許可していただいた。Amazonの余裕の表れである。

出店時には、QRコードを読み取らせるなどいっさいの行為は必要なく、ただゲートを通過するだけである。正直いうと、初めてAmazon Goを訪問し、不慣れな著者は万引きでもしたようなドキドキした気分でゲートを通過した。ゲートを通過すると、数分後にはスマホアプリに電子レシートが送付されてくる。実際に購入した商品の確認、また万引きではなく、きちんと支払っていることも確認できる。

日本でも、深刻化する労働力不足対応やコスト削減を目的とした無人店舗、無人レジ店舗などの実証実験が行われ、実用化された事例も出始めている。しかしながら、これらの目的は店舗側の都合であり、消費者には何のメリットも感じない。そして何よりも、消費者の手間が増えている場合が多い。

一方、Amazon Goが目指すものは、UXの向上である。レジ待ちをなくし、日常生活にある自然な動作で買い物ができるストレスフリーな店舗を実現している。

ただし、Amazon Goでの購入点数はランチのサンドイッチや、夕食用のミールキットなど、1つ、多くても手に抱えられる程度であり、またオフィス街の立地という点も忘れてはならない。どこでも、このシアトルの

Amazon Go 1 号店と同じモデルが通用するわけではない。

(6) Amazon Go 以外にも無人レジ店舗は登場

Amazon Go 以外の無人レジ店舗も登場している。インドネシア、シンガポール、台湾でも無人レジ店舗を訪問したが、それは各国の項を参照してほしい。IT 系スタートアップが集結するシリコンバレーに隣接するサンフランシスコでも、すでに 3 つの無人レジ店舗が登場している。

まず、Zippin（ジッピン）である。サンフランシスコのベイエリアの片隅で現在は実証実験を行っている。そのため、一見、最先端の店舗とは感じない。

入店時には専用アプリを起動し、QR コードを表示し、ゲートにかざして通過する。そして、商品をピックアップし、ゲートをそのまま通過すれば、買い物は終了である。レシートは数秒後にはスマホアプリに送付されてくる。基本的には Amazon Go と同じ導線である。

技術的には、天井のカメラで消費者と商品を紐づけ、商品棚には重量センサーが設置され、商品の取出しを管理している。

Amazon Go との差異は、カメラなどの IT 機器の少なさである。実証実験のため20畳ほどの小さなスペースではあったが、天井のカメラは 1 台である。

そのため、弱点もある。重量センサーで商品を管理するため、個品ごとに重量が変わるサンドイッチやお弁当の扱いは難しいと思われ、缶ジュースや包装されたお菓子など重量が一定のものしか陳列されていない。

もう 1 つは、サンフランシスコの目抜き通りの Market Street に位置する Standard Market（スタンダードマーケット）である。

入店時にアプリでチェックインする。QR コードなどでタッチすることもなく、専用ゲートを通過する必要もない。商品をピックアップし、そのまま店外に出れば買い物は終了となる。数分後にスマホアプリにレシートが送付されてくる。

Standard Market は Zippin よりも、さらに IT 機器は少なく、カメラだ

写真 6 − 2　Bodega のボックス

著者撮影（2018年）

けとなる。100％の精度を求めておらず、現状の万引きや破損などのロスの範囲での対応を目指している。

　3つ目は無人レジ店舗とは言いがたいが、ユニオンスクエアホテルのロビーの Bodega（ボデガ）という自販機的な商品ボックスである。ボックスには番号が示され、その番号をアプリで登録すると、ドアが開き、商品をピックアップし、ドアを閉じると買い物は終了である。数分後にはスマホアプリにレシートが送付されてくる。技術的には、ボックスにカメラが備え付けられているだけである（写真 6 − 2）。

⑺　無人レジ店舗は IT でなく、立地、商品などの戦略が重要

　Zippin、Standard Market と Amazon Go の最大の違いは、その設備である。Amazon Go では数えきれないほどのカメラ、センサーが設置されている。おそらく、Amazon Go を出店する前提で、設計から施工を行う必要があり、投資も莫大となる。

　しかし、Zippin、Standard Market はカメラ、センサーなどは後付けができ、投資額も大きくはない。ただ、やはり精度の問題、そして商品も限定さ

れてしまう。

　Zippin であれば、商品ごとに重量が一定のものが前提となり、お弁当など
を扱うのは難しい。また、Standard Market では一定のロスを覚悟する
としても、そのロスを最小限にするために、高額商品は扱えず、治安の良く
ないエリアでの出店も避けざるをえない。

　無人レジ店舗は、単に技術のアピールの場ではなく、ビジネスとして考え
るならば、立地、商品などの戦略が重要となる。

　Amazon Go の 1 号店も、近隣にコンビニがなく、レストランもない。そ
して、その立地を生かし、サンドイッチを主力商品として、お弁当屋さんと
して成功している。最先端の技術力だけが強調されて日本には伝わるが、商
品戦略、立地戦略が成功の要因である。

(8)　EC とリアルが融合する Amazon Books

　Amazon Books は、2015年12月に、Amazon のお膝元であるシアトルの
University Village（ユニバーシティビレッジ）に第 1 号店舗をオープンさせ、
アメリカ全土に18店舗を展開している（2019年 4 月）。

　University Village はワシントン大学に隣接する高級ショッピングセン
ターであり、Amazon Books 以外にも、Apple Store、Microsoft Store、
b8ta（ベータ：最先端の IoT 製品を展示・販売するお洒落なショールームスト
ア）、Bonobos（ボノボス、後述）などの話題の店舗も出店している。

　まず、Amazon Books の感想を 3 点記す。

① 　トレンドに敏感になれる。Amazon.com（EC）で評価が高い（4.0以上）
　　書籍が約5,000冊もジャンル別に展示され、流行に鈍感であっても、
　　Amazon Books で書籍を選べば、話題の書籍に出合うことができる。

② 　Amazon.com と同じ体験ができる。Amazon.com の評価、レビューを
　　みながら書籍を選べ、定価よりも安いオンラインと同価格で購入できる。

③ 　オンライン（EC）とオフライン（店舗）のよいところどりができる。
　　Amazon.com（EC）では立ち読み（試し読み）ができない。逆に、一般の
　　書店では、レビューなど他者の評価を確認できない。しかしながら、

Amazon Books では、他人の評価を確認しながら、実際に自分の目で確認しながら、購入ができる。

⑼ Amazon Books に入店してみる

Amazon Books の店舗は、Amazon Go のような衝撃はない。一見、普通の中規模の書店である。ただし、明るい窓際にはゆったりとした椅子も設置され、立ち読みも大歓迎である。キッズスペースは広く、子ども向けの書籍も充実し、家族の憩いの場となることも期待しているのだろう。平日の昼間に訪問したが、客は少なく、店舗内には、よりいっそうゆったりとした時が流れていた。Amazon Go のような忙しさはない。

書籍の品揃えは、Amazon.com で評価の高いもの、そして、プレオーダーや販売の状況、およびレビューサイトで人気の書籍が並び、流行の、話題の書籍を見つけやすい。出版社などからのゴリ押しの書籍をみることはない。また、書籍には読者の評価（星4.5など）や簡単なレビューが表示されたカードが併設されている。もし、さらに詳しい情報がみたければ、Amazon Books のアプリを起動し、書籍に併設されたカードのバーコードを読み取れば、詳細な情報を閲覧できる。また、レコメンド機能に該当する表示もある。

書籍の価格は Amazon.com と同額である。店内の至るところに設置されているプライスチェッカーで書籍のバーコードを読み取らせると、定価と販売価格が表示される。

そして、Amazon の直営店らしく、書店でありながら、Amazon Echo、Kindle（キンドル）などの Amazon 製品が陳列されている。

決済はクレジットカード、デビットカード、もしくは Amazon アプリでの支払に限られ、完全キャッシュレス店舗である。

Amazon Go、Amazon Books は、コスト削減や労働力不足の対応が目的ではなく、お客様の喜ぶサービスを EC の利点を生かしながら、最新の IT も活用して提供している。つまり、UX 向上という明確な目的があるため、当然、お客様に受け入れられやすい。

⑽　Amazon 化が進む Whole Foods Market

　Whole Foods Market は、2017年8月の Amazon による買収以降、徐々に Amazon 色が強くなってきている。2017年10月にはなかったが、翌年10月には、prime member deal（プライムメンバーディール）という、Amazon Prime Member 向けの10％割引のプロモーションの札を目にするようになった。この特典のために、Amazon.com の非利用者も Amazon Prime Member に入会するなど、EC とリアルの相乗効果も出始めている。なお、店舗内には Amazon Locker が設置されている。

　そして、Whole Foods Market では、instacart（インスタカート）という宅配サービスも提供されている。消費者が EC で商品を注文し、Whole Foods Market の店員が商品をピックアップし、ロッカーに格納する。そして、登録ずみの配達員がロッカーから商品を持ち出し、注文者の自宅に届けるというサービスである。商品を売りたい Whole Foods Market と、楽に買い物をしたい消費者と、時間があり、稼ぎたい人（配達員）の3者にとって価値があるサービスである。

⑾　EC へ進出する Walmart

　対するリアルの雄 Walmart は EC の世界へと進出する。代表的なサービスが、Pickup Discount（ピックアップディスカウント）である。注文は EC で、商品は店舗で受け取るサービスで、呼び名は異なるが、イギリスで流行の Click & Collect と同じサービスである。現時点でも、1万種類の商品を扱うが、将来的には100万種類まで商品数を拡大する予定である。ラスベガス店では、店舗から消費者の自宅までのラスト1マイル相当のディスカウントを行うなど積極的にキャンペーンを行い、利用を促進している（写真6－3）。

　もう1つの代表的な取組みが、2017年に買収した EC 専業の高級紳士服販売の Bonobos である。店舗は商品の展示、試着の場と位置づけられ、すべての店舗にはレジが存在しない。そのため、当然、完全キャッシュレス店舗である。

写真 6 − 3　Walmart の Pickup Discount の
　　　　　　受取コーナー

著者撮影（2018年）

　店舗では商品を購入することができず、EC 経由でしか Bonobos の商品を購入することはできない。実際に商品がみられない、触れられないなど EC での購入に不安をもつ消費者に対して、商品を実際にみて、着てもらうことで安心感を与えている。また店舗にとっても、現金管理に係る諸費用、クレジットカード等の決済にかかわる設備投資が不要となるメリットがある。

　サンフランシスコではユニオンスクエアの目の前に、シアトルでは University Village というように、一等地へ出店しており、高級紳士服といういうブランド価値も維持している。

⑿　IT 化により、より便利になる小売店 Target

　Walmart 以外の小売店も、IT を活用した店舗改革に取り組む。代表的な店舗は Target（ターゲット）である。Self-Checkout の台数を増やし、その利用を促進している。また、店内の至るところに Order Pickup（オーダーピックアップ：Click & Collect と同様のサービス）の文字が並び、割引などのキャンペーンで利用を促進している。Self-Checkout、Order Pickup はともに、キャッシュレス決済が基本となるサービスであり、これらサービスの普

及により、キャッシュレス化も進展することが期待できる。

さらに、open house（オープンハウス）という IoT 機器の展示販売スペースがある。外出時に留守番をしているペットにスマホ経由で餌を与える装置、遠隔地からスマホでドアの開閉ができる装置、スマートキャンバスというスマホから名画を展示させる装置などが展示されている。また、VR（Virtual Reality）のデモもあり、ソファなどの家具を買う際に、VR 上で自宅の部屋に配置し、イメージをふくらませながら、商品を選択し、購入ができる。

著者はみることができなかったが、Tally（タリー）という自走式のロボットがあり、陳列棚をスキャンし、商品の欠品や在庫状況、配置ミスなどをチェックしている。同機能のロボットは Walmart、ホームセンターの Lowe's（ロウズ）でも活躍している。Lowe's では NAVii（ナビィ）というロボットが活躍するが、著者の訪問時には残念ながら倉庫奥で休憩中であった。

⒀　普及しつつある Self-Checkout

なお、Self-Checkout は、Target 以外でも、ドラッグストアの CVS（シービイエス）、PB 商品が充実する Trader Joe's（トレーダージョーズ）、スーパーマーケットの Safeway（セーフウエィ）でも導入が進む。

ただし、イギリスと比べるとまだまだ利用率は低い。Self-Checkout の操作方法がわからない、めんどうくさい、袋詰めをしてほしい、商品点数に制限があるため利用できない、そしてアメリカらしい理由として、Unbanked からは現金が使えないなどの理由から、有人レジが選ばれている。

Self-Checkout を避ける意見もあるなか、CVS のある店舗での Self-Checkout の利用促進の取組みはおもしろい。消費者が商品をピックアップし、有人レジで精算をするためには、大量の Self-Checkout のなかを通過しなければならず、その先には混雑するわずかな有人レジがみえるという導線を実現している。先方には行列の有人レジがみえ、空いている Self-Checkout のなかを通ると、自然と Self-Checkout を利用したくなるものである。たしかに、その店舗では、多くの人が Self-Checkout を利用してお

り、有人レジを利用するのは、英語での操作に不安がある著者のような観光客か、見かけからの判断となるが、Unbanked と思しき人だけである。

⑭ 進化するコーヒーショップ

サンフランシスコで人気の Peet's Coffee（ピーツコーヒー）の一部の店舗での注文方法がおもしろい。専用端末で注文し、ブザーをもち、商品の準備ができたら、そのブザーが鳴り、ピックアップカウンターにコーヒーをとりにいくシステムである。他のコーヒーショップのように、混雑した注文カウンターで並ぶ必要はなく、気持ちよくコーヒーが飲める。なお、決済は専用端末での注文時に、完了している。

また、スターバックスは、スマホアプリでの事前注文が可能だが、アメリカでも人気である。

日本にも進出している Blue Bottle Coffee（ブルーボトルコーヒー）では、Square の端末でキャッシュレス対応をしている。小型の白い端末で、お洒落な店舗のイメージにマッチしている。Blue Bottle Coffee のカード決済端末のように、カード決済端末が洗練されたデザインであれば、導入する店舗も増えるのではないかと思った。もしかしたら、こんな小さな取組みもキャッシュレス化の進展のためには必要なのかもしれない。

⑮ リアルとネットを融合させる場所へ進化するコンビニ

その他、人気観光地サンフランシスコらしく、Airbnb（エアービーアンドビー）など民泊が普及し、物理的な鍵の受渡しが必要となった。その受渡しの場所として、Keycafe（キーカフェ）というサービスが鍵の受渡し用ボックスを提供し、セブン-イレブンに展開している。

IT 化によりさまざまなことが進化し、利便性は向上するが、物理的なやりとりは残ってしまう。サンフランシスコのセブン-イレブンでは Amazon Locker も設置されているが、コンビニはネットとリアルをつなぐ場所にもなりつつある。

⑯ 西海岸の働くロボットたち

在庫や陳列をチェックする自走式のロボット以外にも、西海岸ではロボッ

トが活躍している。やはりシリコンバレーに隣接する土地柄である。

　CAFÉ X（カフェエックス）は挽きたてのコーヒーを提供してくれるアーム型のロボットである。スマホアプリ、もしくは備付けのタブレット PC からコーヒーを注文できる。なお、コーヒーの濃さや砂糖の有無など細かな注文にも対応してくれる。2017年10月時点では、あるショッピングモールの片隅にひっそりと置かれていたが、2018年10月には、オフィス街に CAFÉ X の専門店が出店され、オリジナルグッズも販売されていることからも、その人気がうかがえ、収益にも貢献しているのだろう。そして、たしかにおいしい。

　eatsa（イーツァ）はサンフランシスコのベイエリアの無人レストランで、注文方法は CAFÉ X と同じである。完成した商品はコインロッカーのような棚で提供され、顧客が指定された番号の棚から取り出す。商品はサラダ類に限られるが、健康志向の高いサンフランシスコでは受け入れられ、人気店である（写真 6 − 4）。

　Creator（クリエーター）はハンバーグ、野菜をパンに挟む工程をロボット

写真 6 − 4　eatsa の店内

著者撮影（2018年）

が行うハンバーガーショップである。ロボットの活用により、人件費を抑えることができ、近隣の競合店よりも安価に同レベルの商品が食べられることから、長蛇の列ができる人気店となっている。残念ながら、著者も行列が嫌いであり、今回は試食を諦めた。

実は、もう1体、サンフランシスコでは働くロボットの噂を聞いていた、ラーメンロボットである。CAFÉ X のようなロボットを期待していたが、日本ではかなり昔からあるカップラーメンに自動的にお湯をかけ、3分経過したら、完成するだけのものである。食文化の違いもあるが、日本では数十年前から、働くロボットを実用化していたのである。ただ、探し回ったあげくに、この装置を見つけた時の残念感は表現のしようがない。

もう1つ働くロボットを紹介する。ラスベガスの TIPSY ROBOT（ティプシーロボット）である。CAFÉ X と同様のアーム型ロボットでカクテルを提供する。店内には20台ほどのタブレット PC が並び、そこから注文ができる。ただ、場所柄もあり、多くの観光客が立ち止まるものの、まだまだ見世物の域は脱せず、収益に貢献するのは先の話だろう。

6-1-3　銀行離れへの危機感から変革が求められる銀行

⑴　まだまだ存在感のある銀行の店舗、ATM

サンフランシスコでは、銀行の店舗、ATM は多々見かける。Wells Fargo（ウェルスファーゴ）、JP Morgan Chase Bank（ジェーピーモルガンチェースバンク）、Bank of America（バンクオブアメリカ：バンカメ）、CITI Bank（シティバンク）の大手銀行は、通りごとに店舗を構えていると感じるほど多くの店舗を出店している。ただし、伝統的な格式をもった重厚な店舗は少なく、小型店舗が増えている。

ATM もよく目にする。屋外の壁に埋め込まれた ATM が多い。また、小規模な小売店では、ATM を設置していることをアピールしている。まだまだ ATM が必要とされているのだろう。

日本ではメガバンクがリストラの一環で人員削減、店舗の削減や小型化を発表している。サンフランシスコでは Wells Fargo、JP Morgan Chase Bank、Bank of America の3銀行の一部の店舗は小型化されたデジタル店舗へシフトしている。

その特徴は、①透明性をアピールし、ガラス張り、②機能が充実した最先端の ATM を設置、③ネットバンクを操作できる PC を設置、④テラーカウンターはなく、店舗奥に相談のための個室を設置、⑤行員は最低限の人数、そしてタブレットを持ち歩いている、の5点である。

これらの店舗では、顧客は基本的に ATM、ネットバンクで用事をすませる。また、行員は ATM を操作した顧客の情報をタブレットで参照し、高額預金者などへは投資や貯蓄の提案を行う。その際に利用するのが店舗奥の個室である。なお、小型店舗や無人店舗であっても、事前にスマホアプリで予約すると、専門知識をもった行員がその店舗に赴き、その個室で相談を受けることができる。

⑶　進化する ATM

Wells Fargo、Bank of America の ATM は、Apple Pay（NFC）対応である。NFC リーダーにスマホをかざし、指紋認証後、PIN（暗証番号）を入力すると現金を出金できる。

また、Wells Fargo では Onetime Access Code（ワンタイム・アクセス・コード）というサービスを提供している。事前にスマホアプリで、出金額を登録し、8桁の使い捨てコードを発行し、ATM では8桁のコードとキャッシュカードの暗証番号を入力すると、事前に登録してある金額を出金できる。アメリカの ATM は人通りの少ない場所にも設置されていることが多く、特に夜間はできる限り ATM 前での操作時間を減らしたいというニーズに応えたサービスである。

さらに、Bank of America の ATM では小切手も扱うことができる。日本では小切手を利用することはほとんどないが、小切手社会のアメリカでは当

たり前の機能である。ATM に現金を入金するように、小切手を挿入すれ
ば、指定口座に小切手分の金額が入金される。また、スマホアプリでも小切
手を扱える。小切手の表裏面を撮影し、金額を入力するだけで、操作は完了
する。後日、その金額が銀行口座に入金される。

　⑷　さまざまな場所に店舗を出店している Wells Fargo

　Wells Fargo はサンフランシスコに本社を置く、株式時価総額、支店数な
どから、全米最強の銀行と呼ばれている。地盤であるサンフランシスコでは
多種多様な店舗を展開している。Market Street には歴史ある伝統を感じる
重厚な店舗があれば、その数分先にはガラス張りのデジタル店舗も出店して
いる（写真 6 - 5）。

　さらに、銀行離れを防ぐべく、若者や主婦層との接点を大切にしている。
スーパーマーケットの Safeway の店舗内に小型店舗を出店し、小規模なが
ら、口座開設やローンなどの相談にも対応している。主婦が買い物ついでに
気軽に相談ができる身近な金融機関である。ここは本当にフレンドリーな店
舗であり、著者の質問にもいろいろと親切に対応してくれた。実は Wells

写真 6 - 5　Wells Fargo のデジタル店舗

著者撮影（2018年）

Fargo の情報はここの窓口で得たものが多い。

　また、スターバックスを併設した店舗もある。銀行の入口を通ると、右手には銀行のカウンター、左手にはスターバックスがある。コーヒーを飲むついでに銀行で用を足す、銀行の待ち時間にコーヒーを飲むなど両者は意外に相性が良いかもしれない。

(5)　無人店舗を目指す Bank of America

　Bank of America はノースキャロライナ州に本社を置くメガバンクだが、完全無人店舗の実証実験を行うなど店舗戦略には特色がある。

　店舗の規模を明確に大・中・小の３種類に分類し、中小規模の店舗には専門知識をもった行員は常駐していない。これらの店舗ではスマホアプリから事前に予約すると、専門知識をもった行員が店舗に赴き、対面での相談、もしくは TV 会議で、相談を受けられる。なお、小規模店舗での相談時間は限られている。

　銀行もコスト削減を目的とした効率化をしたいが、やはり、顧客からはATM やネットバンクでは得られない対面による相談のニーズは高い。同様に、Wealth Management（ウェルスマネジメント）では、簡易で安価なロボアドバイザーが人気であったが、最近では、行員との会話が重要であることに気づき、費用は多少かかるが、行員のアドバイスが付帯するサービスへと人気が移っている。

　サンフランシスコで訪問した店舗は中規模店舗だが、入口には高機能のATM、その奥にはネットバンク用の PC が設置され、さらにその奥には顧客の相談に対応する個室が並ぶ。やはり、ガラス張りの店舗である。

(6)　派手なブルーが目を引く JP Morgan Chase Bank

　JP Morgan Chase Bank はニューヨーク州に本社を置く銀行持株会社に属する銀行である。

　サンフランシスコでは多数の店舗を展開するが、ユニオンスクエアに隣接する店舗はイメージカラーのいわゆるチェースブルーが目を引く。ガラス張りの店舗の入口正面には最先端の ATM が並び、その奥にはネットバンク用

の PC、そして個室が並んでいる。

(7) コーヒーショップを併設する Capital One

Millennial 世代の多くは、大手銀行を含めた既存金融機関より、GAFA や PayPal などの FinTech の金融サービスを好む。若者の銀行離れは深刻であり、多くの銀行がその対策に取り組んでいる。その代表格が Capital One である。

Capital One は資産ベースで全米 8 位の銀行である。Capital One bank Cafe、Capital One 360 cafes というカフェとワークスペースを併設した店舗を全米で展開している。

サンフランシスコでは、人気カフェチェーンの Peet's Coffee を店舗内に出店している。Capital One カードで支払うとコーヒーは50％オフとなり、Wi-Fi は無料、さらにはリラックスできるソファも多数設置され、横になって寝ている人さえもいる（写真 6 - 6 ）。

ATM が設置され、「金融相談を受け付けます」という看板が設置されていることから、ここが Capital One の店舗だと気づくほどである。この店舗

写真 6 - 6　Capital One の店内

著者撮影（2018年）

の前を数回通ったが、常に混雑しており、まずは、若者を銀行に戻すという目的は達成しているようである。

⑻　銀行色がまったくない Umpqua Bank

Umpqua Bank はポートランドに本店を構えるオレゴン州最大の地銀である。Capital One 以上に銀行らしさがない店舗をサンフランシスコに出店している。

店舗には ATM はない。そのかわりに、だれでも無料で使える、Wi-Fi と電源完備のワークスペース、さらに展示スペース、大型スクリーン、会議室が備わっている。展示スペースでは店舗の立地にあわせ、旬の特産品などを展示している。そして、Umpqua Bank を一躍有名にした頭取直通電話も設置されている。一応スタッフに確認したが、多忙な頭取が電話をとることはほとんどなく、実際は専門の対応係が対応しているようである。

6-2　カ ナ ダ

6-2-1　Interac を中心にキャッシュレス化を推進

⑴　キャッシュレス社会を牽引する Interac

バンクーバーは、カナダ第 3 の都市だが、多くの中国系住民の姿を目にする。その他、韓国、フィリピンなどのアジア系住民も多い。バンクーバーもだが、欧州、北米の主要都市は、どこも多民族が暮らす都市である。

街中では、Interac の黄色いアクセプタンスマークが非常に目につく。Interac は1984年、カナダの 5 大銀行を中心に各銀行が提供する国内限定のデビットカードである。カナダの銀行が発行するキャッシュカードには Interac が付帯され、銀行口座保有率の高いカナダではほぼすべての国民が保有している。

さらに、Interac Flash という NFC コンタクトレスカードも発行し、Interac e-transfer という個人間送金にも対応ずみである。Interac はクレジットカードの取扱金額をはるかに超え、カナダのキャッシュレス決済を牽引している（写真 6 - 7）。

　小売店では規模の大小を問わず、カード決済端末は導入され、新規端末に限っては、NFC コンタクトレス対応は100％である。

⑵　1 セント硬貨の廃止

　最小単位の貨幣の廃止は世界的な傾向だが、カナダも2013年 2 月に 1 セント硬貨を廃止ずみである。現金で買い物をする場合は、端数の分は"0""5""10"のいちばん近い数字に、切り上げ、切り捨てされる。レシートには、端数の切り上げ、切り捨てを意味する Rounding の文字と切り上げ、切り捨てされた金額が印字されている。なお、カード決済の場合は、1 セント単位で決済される。

　ちなみに、1 セント硬貨の製造費は1.6セントかかり、硬貨を製造するコ

写真 6 - 7　Interac のアクセプタンスマーク

著者撮影（2018年）

ストも意外にかかる。長期的にみると、新規に紙幣、硬貨を発行するよりも、電子マネー化のほうがコストを抑えられるのかもしれない。

(3) 市民の足はスカイレイル、バスでもキャッシュレス

バンクーバーの街では、スカイレイル、バスが市民の日常生活の足の役割を担う。IC 乗車券の Compass Card（コンパスカード）も普及し、市民の日常生活には欠かせないカードとなっている。バスは現金でも乗車可能だが、現金で支払う乗客は皆無である。海外のバスではよくあることだが、バンクーバーでもお釣りはもらえないので、そのことも影響しているのだろう。

6-2-2 キャッシュレス化の次は、日常生活の利便性の向上へ

コンビニではセブン–イレブンが目立つ。カード決済にも対応しており、さらには The Bank of Novascotia（ノバスコシア銀行）の ATM も設置されている。カナダもキャッシュレス化の進展に伴い、銀行の店舗、ATM は減少するが、コンビニが街の身近な金融サービス拠点となりつつある。

人気のドラッグストア London Drugs（ロンドンドラッグ）では、Self-Checkout も導入され、利用率も高い。また、Shop Online、Pickup Store（Click & Collect と同様のサービス）の看板も掲げられている。他店でも、同様に積極的にプロモーションをしているようすがうかがえる。

また、屋台、露店でも、カード決済が可能である。JAPADOG（ジャパドッグ）という人気のローカルフード店では、10ドル程度（約800円）でも普通にカード決済が利用されている。

6-2-3 店舗、ATM は減少、そしてネットバンクへ誘導

(1) 銀行は 5 大グループに集約され、店舗はなかなか見つからない

銀行は合併・統合が進み、Royal Bank of Canada（カナダ・ロイヤル銀行：RBC）、The Toronto-Dominion（トロント・ドミニオン銀行：TD）、The Bank of Novascotia、Bank of Montreal（モントリオール銀行：BMO）、Canadian Imperial Bank of Commerce（カナダ帝国商業銀行：CIBC）の 5 大銀行グルー

プに集約されている。

そして、銀行の店舗を探すのは一苦労である。目抜き通りでも、複数の銀行の店舗が隣り合わせて出店していることはない。

しかし、ATM は駅や小売店など人が集まる場所では必ず見かける。セブン-イレブン以外でも、London Drugs では Royal Bank of Canada の ATM が設置されている。

さらには ATM 専業会社の ATM も見かける。VI Banking（ブイアイバンキング）は小規模店舗、DirectCash Bank（ダイレクトキャッシュバンク：DC Bank）は駅、ショッピングセンターを中心に展開している。ただし、ほとんどの ATM は出金機能だけである。

⑵　ネットバンクに誘導する銀行店舗

店舗の数も少ないが、その数少ない店舗でも、行員の数は少ない。そして、店舗内には、ネットバンク用の PC が設置され、行員も顧客に操作方法を教えながら、ネットバンクへ誘導している。Canadian Imperial Bank of Commerce は、CIBC Banking Center と称する店舗を出店し、顧客をネットバンクへと誘導するとともに、最新の IT 機器を設置し、自社の技術力をアピールする場としている。

第 7 章

中　東

7-1 アラブ首長国連邦（ドバイ）

7-1-1　10%の富裕層と出稼ぎ労働者の格差社会

(1)　10%の富裕層と90%の出稼ぎ者

　ドバイはアラブ首長国連邦（United Arab Emirates：UAE）に属する首長国の一つである。そして、中東屈指の先端都市であり、金融センターでもある。また、超高層ビルや巨大モールが建設され、世界屈指の観光都市でもある。

　亜熱帯気候に属し、夏季には気温が50℃近くに達するため、街中で歩いている人をみることは少ない。その気候もあってか、ドバイには冷房の効いた多数のモールが存在し、日常生活はモール内で行われている。ブランドショップから日系のおなじみの店舗、そして日常生活を送るうえで必要となるスーパーマーケットなどが出店している。そして、ほとんどの店舗でカード決済端末は導入され、キャッシュレス環境は整備されている。

　ただし、キャッシュレス化が進展しているかといえば、そういうわけではない。ドバイは多民族国家であり、UAE出身者は住民の約10%にすぎず、多くの外国人労働者を受け入れていることから、キャッシュレス化はいびつな構造となっている。

　外国人労働者の出身地はインド、パキスタン、バングラデシュ、ネパール、フィリピンなどである。インド出身者は管理職、事務職に就いている人もいるが、それ以外の出身者の多くは、建築現場やレストラン、ホテルなどで働いている。そして、ドバイでは出稼ぎ者の入れ代わりが激しい。数年勤めると給与も上昇することから、解雇されてしまうことが多い。そのため、スキルをもつ外国人労働者は少なく、銀行口座を保有するまでの給与に達しない。

そのため、Unbanked も多く、格差があるキャッシュレス化が進展する。国民の約10%の UAE 出身者はほとんどが富裕層に属し、現金を使うことがないキャッシュレスな生活を送るが、出稼ぎ者の多くは、キャッシュレス決済の手段をもたず、現金を中心とした生活を送っている。

⑵ 市民の足では IC 乗車券を利用するが、利用者は外国人労働者が中心

ドバイにはメトロとモノレールの２種類の公共交通機関が走る。そこでは IC 乗車券の Nol Card（ノルカード）を利用することになる。しかしながら、富裕層は自家用車、タクシーを利用するため、著者が乗車した時も、乗客は欧米系の旅行者、外国人労働者だけであった。ちなみに、富裕層の自動車は、日本、欧米の高級車であることは当たり前だが、いわゆるスーパーカーと呼ばれる自動車も街中を普通に走っている。

7-1-2 階層により異なるモールでの生活

⑴ モールにより異なる金融機関

Dubai Mall（ドバイモール）は世界一の広さの、有名ブランドが出店する高級モールである。欧州などへエミレーツ航空で旅行の際に、トランジットで立ち寄ったことがある人もいると思う。モール内にはショッピング施設だけでなく、世界一の水槽をもつ水族館、世界一の広さをもつ屋内スキー場がある。そして、銀行も多数出店している。

一方、中華系の Dragon Mart（ドラゴンマート）は、個人商店が連なり、品揃えは中国製のものが多く、比較的安価な日常生活品が売られている。そして、金融機関は、銀行ではなく、外国人労働者向けの両替所と送金窓口である。

金融機関は高級モールでは銀行、庶民的なモールでは両替所、送金窓口というように、顧客層に応じ、出店する金融機関の種類も異なっている。

ATM は両方のモールともに多々見かけるが、出金機能のものしか見つけられなかった。また、観光用と思われるが、Dubai Mall にはゴールド（金）の ATM（自販機）も設置され、その場で、ATM（自販機）でゴールド（金）

写真 7 - 1　Gold の自販機

著者撮影（2016年）

を購入できる（写真 7 - 1 ）。

(2)　意外に安い日常生活品

　モールのなかにはスーパーマーケットも出店している。そして、カード決済端末も導入されており、キャッシュレス環境は整う。ドバイは物価が高い印象だが、国民の約90％は外国人労働者であり、日常生活品は高額ではない。たとえば、ミネラルウォーターは、2Dh（ディルハム、約60円）で、日本よりも安い。ただし、UAE 出身の富裕層が利用するレストランは、著者には手が届かない価格設定となっている。

7-1-3　世界一を義務づけられた都市

　ドバイの世界一は、水族館や屋内スキー場以外にも存在する。著者の知る限りでは、世界一の高層ビル「ブルジュ・ハリファ」、世界一の広さと旅客

数の「ドバイ国際空港」がある。

　ドバイが世界一にこだわるには理由がある。ドバイはもともとがアブダビ首長国の王族が逃げてきてできた国であり、豊かな土地を有していない。産油国ではない。意外かもしれないが、いわゆる、オイルマネーがない首長国である。つまり貧しい。そのため、現在の繁栄を維持するためには、「世界一」を称し、世界からの注目を集め、外国資金による投資を回し続ける必要がある。

　その証拠として、アブダビまでの一本道があるが、首長国の国境は明確である。ドバイからアブダビに向かうと、途中から砂漠の真ん中だが、緑が豊かになる。そこが首長国の境である。砂漠で緑を育てるためには、多額の資金が必要となる。アブダビでは可能だが、ドバイでは無理ということである。

　また、先ほど紹介した世界一の高層ビル「ブルジュ・ハリファ」はアブダビの首長の名前に由来する。2010年の金融危機の際に、ドバイはアブダビから多額の借金をしており、その際に名づけられた。

7-1-4 90%の住民のためのキャッシュレス社会は実現できるのか

　ドバイは、首長国として仮想通貨（暗号資産）を導入する計画があるなどの報道も伝わる。しかしながら、10%のUAE系の住民に向けたサービスであり、90%の外国人労働者は恩恵を受けることは少ないだろう。ドバイの格差社会では全住民に向けたキャッシュレス化の進展は困難と思われる。今後も世界から注目を集めるため、世界一を称したさまざまな取組みを行うことが予想されるが、10%のUAE出身者のためのものか、全住民に向けたものなのかの評価は必要である。

　日本も改正入管法の施行により、外国人労働者が増加する。ドバイのように、彼らを取り残すことのないキャッシュレス社会を目指す必要がある。

第 **8** 章

東アジア

8-1 中　国

8-1-1 スマホによる電子社会が構築され普及したQRコード決済

(1) Alipay、WeChat Pay の利用可能な場所は100%に近い

中国は偽札も多く、紙幣は日本のようにきれいではない。そして最高紙幣の100元は日本円で約1,600円にすぎず、経済成長に伴い物価も上昇した中国では、ちょっとした買い物でも、紙幣の束を持ち運ぶことになってしまう。そして盗難など治安の問題もある。

そのような状況のなか、多大な顧客基盤をもつ EC の Alibaba、メッセージアプリの WeChat が店舗に費用的な負担がかからず、安価なスマホでも利用できる QR コード決済の仕組みを提供し、短期間で中国全土に普及させた。

そして、60%といわれるキャッシュレス決済比率の数字はさておき、現在の上海、杭州ではキャッシュレス決済が可能な場所は100%に近い。コンビニなどのチェーン店から街中の屋台、裏路地の市場の個人商店にまで、ほとんどすべての店舗には Alipay、WeChat Pay の表示が掲げられている。Alipay、WeChat Pay で決済をしたければ可能だが、その選択は消費者に任されている（写真8-1）。

また、QR コード決済のサービス別のシェアは、Alipay と WeChat Pay のトップ2で、85%以上を占める。これだけのシェアをもつからこそ、そのデータには価値が生まれる。

(2) スマホ決済を支える3要素

中国のスマホ決済が普及した背景には、紙幣の問題や経済成長、多大な顧客基盤をもつ Alibaba、WeChat の決済領域への進出などがあるが、普及を

写真 8 − 1　Alipay、WeChat Pay の
　　　　　　アクセプタンスマーク

著者撮影（2018年）

写真 8 − 2　レンタル式のスマホ充電器

著者撮影（2018年）

支えているのは、①ミニプログラムなどのアプリの充実、②芝麻信用などのスコアリングである。そして、もう1つ忘れてはならないのが、③充電器のシェアリングサービスである。スマホ決済は現金やカードと異なり、電池切れの不安がつきまとう。しかし、中国ではコンビニ、飲食店、ショッピングモールなど至るところに、必ず充電器のシェアリングサービスがあり、しかも返却はどこでもよく、利用料も1元（約16円）と安価である。充電器のシェアリングサービスもスマホアプリで利用が可能であり、芝麻信用などのスコアリングシステムとも連動され、充電器の盗難・紛失などの問題も限りなく少ない（写真8-2）。

(3) ミニプログラム（小程序：シャオチェンシュ）によるアプリの充実

ミニプログラムとは Alipay、WeChat Pay のアプリ内で動くアプリであり、「アプリの中のアプリ」と呼ばれる。Alipay、WeChat Pay と連動しており、個別のインストールやアップデート、ユーザー登録も不要である。そして小規模な店舗でも高額な開発費、時間をかけることなく、アプリを開発できるため、非常に普及している。

レストランのオーダー、銀行の窓口予約など、さらには自治体で住民票などを取得する際にも、このミニプログラムは利用され、決済まで行われる。中国では日常生活の隅々までスマホがなければ生活できない社会となっており、それを支えているのが、このミニプログラムである。

(4) 芝麻信用と Alipay Membership Program による利用の促進

芝麻信用は Alibaba グループの信用調査機関である。独自の審査基準で、消費者の信用度を350〜950点で評価している。審査には Alibaba グループでのネットショッピング、振込み、決済などの取引記録を中心に、学歴、公共料金の支払実績、契約不履行者の「失信被執行人リスト」や不動産登記簿、運転免許などの自己申告の情報から評価を行う。

評価は年齢、学歴、職歴などから算出される身分特性、資産などからの履約能力、取引記録からの信用歴史、他者への影響力や信用情報からの人脈関係、ショッピングや支払、振込みなどの特徴からの行為偏好の5軸から総合

的に行われる。

　そして、その影響力は金融関連にとどまらず、高スコアだと、シェアサイクルやホテルのデポジットが不要になり、マンションの敷金が減額される。さらには、ビザの取得、進学、就職、そして結婚仲介サイトにもそのスコアが表示されている。また、一部の自販機では、麻芝信用のマークが貼付され、高スコアの者しか利用できない。

　芝麻信用はどちらかというと監視・監督色を強く感じるが、Alipay Membership Program（アリペイメンバーシッププログラム）という航空会社のマイレージサービスに類するサービスも提供されている。会員種別はレギュラー、ゴールド、プラチナ、ダイヤモンドの4種類であり、Alipay の利用頻度、決済金額に応じポイントを獲得できるが、融資、貯蓄などの金融サービスを利用すると効率良くポイントを獲得できる。そして、上級会員は為替レートの優遇、航空会社や新幹線のラウンジサービスなどの特典を受けられる。このように、Alipay はアメとムチ、双方でその利用を促進している。

⑸　スマホを中心とした電子社会の構築

　著者なりに、中国のキャッシュレス社会を表現すると、「QR コード決済がはやっているのではなく、スマホを中心とした電子社会が構築された結果、QR コード決済も普及した」となる。つまり、中国はキャッシュレス社会を目指したわけではなく、スマホサービスの一機能として、QR コード決済が利用されているにすぎない。今後、日本で QR コード決済を含むスマホ決済を普及させるためには、決済手段だけを提供するのではなく、充電器シェアリングサービスなどのインフラの整備も含め、消費者の利用したいサービスを提供し、そして、サービス利用のプロセスのなかで、自然に、できれば無意識に決済が完了する購買プロセスが最適化された仕組みを構築することが必要と考える。

⑹　3種類のスマホ決済

　普及しているスマホ決済だが、再度整理をする。一言でスマホ決済という

が、3種類のまったく異なる方式が存在する。QR コード決済でも、①「店舗読取方式」、②「消費者読取方式」の2種類の方式がある。そして、QR コード決済ではない③「アプリ内決済」が3つ目の方式である。

①店舗読取方式は、消費者が Alipay や WeChat Pay のアプリを起動して QR コードを表示し、店舗が QR コードリーダーで読み取り、決済が完了する。これは、Felica や NFC の IC チップの代替として、QR コードを消費者の特定に利用している。

②消費者読取方式は、店舗の印刷物、もしくはタブレットなどに表示された QR コードを消費者が読み取り、アプリに支払額を入力し、消費者が店舗へ送信して決済が完了する。個人間送金の仕組みを生かした、店舗の初期投資が抑えられる仕組みであり、屋台などの中小規模の店舗での利用が多い。

最後に、③アプリ内決済だが、タクシー予約など他のサービスと連携し、アプリ内で決済を完了する仕組みである。サービスの利用が主目的なため、決済のために特別な行動をすることなく手続を完了でき、非常に利便性が高い。

今回、上海、杭州のレストランでも、アプリ内決済の仕組みを利用する機会を得た。テーブルに QR コードが貼付され、それを読み込むと、メニューアプリが立ち上がる。そして、そのアプリからオーダーができ、決済までを完了できる。オーダーのたび、決済時に店員を呼ぶ必要もなく、そのまま退店できる。

また、行列のできる人気店では店頭に表示されている QR コードを読み込み、予約と事前注文もできる。この仕組みは、先ほど紹介した Alipay や WeChat Pay と連動するミニプログラムで構築されており、オーダー時点で利用者を特定できているため、食い逃げなどの抑止、防止もできている。ちなみに、この仕組みは大手やチェーン店だけなく、中小規模の飲食店でも導入されている中国では一般的な仕組みである（図表8−1）。

同様に、新幹線の肘掛にも QR コードが貼付され、それを読み込むと車内販売のメニューサイトに遷移し、注文、決済ができる。実は、この仕掛けの

図表 8 − 1　アプリ内決済（オーダー＆決済）

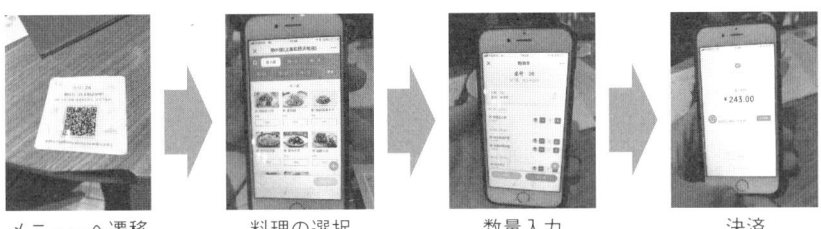

メニューへ遷移　　　料理の選択　　　　数量入力　　　　　決済

著者撮影（2018年）

おかげで、中国語が不得手な著者も、おいしそうな中華料理の写真をみながら、躊躇なく、注文することができた。

　個人的な見解となるが、このオーダーの仕組みこそが、日本でキャッシュレス決済を普及させるためには最も有効と感じた。一部の店員とのコミュニケーションを楽しむ飲食店以外であれば、オーダーのたび、そして決済時に店員を呼ぶ必要もなく、飲食を楽しむことができる。そして、店舗にとっても、労働力不足の対応、そして人件費の削減にもなる。投資コストは日本でも居酒屋などで見かけるタブレット式の注文システムを導入するよりも抑えることができるはずである。

　さらに、2020年の東京オリンピックの時期には、多くの外国人が訪日するが、彼らにとってもうれしい仕組みである。日本語に不慣れであっても、写真で料理が注文できる。店舗にとっても、外国語対応の必要がなくなる。

8−1−2　スマホ決済だけではない、決済の多様化は進む

(1)　現金はまだまだ使える

　中国の出張から戻った人から、現金が使えなかったという声を聞くことがある。この言葉にはずっと疑問があった。実際に上海の街を歩くと、著者の生活圏の範囲となるが、すべての店舗で現金決済は可能であった。現金での支払を拒否されたことも、店員に嫌な顔をされたこともない。しかも、コンビニで13元の支払の際に、20元紙幣を出すと、3元の小銭を要求され、10元

紙幣をお釣りとして返してくれるように、現金の扱いにも慣れている。同様なことが3回あったことからも、偶然ではないだろう。

また、グローバルに展開する著名な雑貨店のレジ前で、ローカル10人の決済を確認してみた。うち4人は現金で支払っており、経済産業省の発表するキャッシュレス決済比率が60%という数字は正しいようである。

そして、その4人は見た目からの判断となるが、すべて40代以上であり、中国でも年齢の壁はある。欧米と同様に millennial 世代などの digital native にとっては決済を含めてスマホは当たり前の存在だが、それ以上の世代ではスマホ操作に不慣れの人も多い。

ただし、現金決済が可能な場合でも、決済までたどり着けないこともある。たとえば、タクシーである。中国ではホテルであれば客待ちのタクシーがあるが、滴滴（ディーディー）などの配車アプリが普及し、街中で流しのタクシーをつかまえることはほとんど不可能である。今回、杭州で多くの外国人が参加する国際的なイベントに参加したが、イベント終了後にちょっとした混乱があった。会場から最寄り駅まではタクシーを必要とする距離であった。配車アプリをダウンロードしている中国人はタクシーを呼び出せるが、ほとんどの外国人は配車アプリを準備しておらず、外国人だけが会場前に取り残されてしまった。著者は中国人のタクシーに便乗させてもらい難を逃れたが、その後、彼らがどのような手段でホテルまで帰ったかは、知る由もない。

このように、スマホ前提のサービスが日常生活にまで入り込んでいるため、現金決済は可能ではあるが、アプリがなければ、決済までたどり着けないこともある。中国ではそれほどスマホが日常生活に入り込んでいる。

ちなみに、メトロの券売機にも現金専用機があり、駅やショッピングモールなど人が集まる場所にはATMも設置されている。実際、ATMの数は、2006年以降上昇している。10万人当りのATM数も、81.4台（2017年）であり、キャッシュレス先進国のスウェーデンの31.9台の2倍以上である（出典：World Bank）。また、Alibaba資本のO2Oスーパーマーケットとして話

題の盒馬鮮生にも現金レジは存在している。

⑵　QR コード決済だけではなく、決済の多様化が進んでいる

また、最近、日本では話題の少ない銀聯だが、コンビニや大手スーパーマーケットでは利用可能である。さらには、銀聯による NFC コンタクトレスの決済端末も目につく。まだまだ中国では存在感のある決済手段である。

このように、中国ではスマホによる QR コード決済が主流ではあるが、現金や NFC など他の決済手段を排除するものではなく、決済手段の多様化が進んでいるという表現が適切である。スマホが苦手な高齢者は現金での生活も可能である。また、Alipay、WeChat Pay のアプリをもたない外国人観光客でも、特別な行動をしない限りは、決済という点では現金だけで問題はない。

交通機関も決済の多様化には対応している。上海のメトロの改札機は、IC カード用、QR コード用、紙の切符用の 3 種類の読取機が設置されている。当然、券売機では現金も利用できる。

⑶　次世代決済は顔認証か

さらに、盒馬鮮生、飲食の Kpro、家電量販店の Suning（蘇寧電器）では顔認証決済が利用され始め、QR コード決済の次の主役と期待されている。Kpro で実際に利用しているようすをみたが、操作は簡単で30秒程度で完了する。セルフパネルで料理を選び、決済手段で顔認証を選択し、顔認証を実施、登録した携帯電話番号を入力すれば完了である。

ただし、これは監視カメラが中国全土に 1 億7,000万台以上設置され、ホテルに宿泊の際には顔認証が義務づけられる顔認証への抵抗感が低い中国だから可能な仕組みである。また、顔認証は公衆トイレのトイレットペーパーのとりすぎ防止にも利用されている。顔認証で個人を特定し、トイレットペーパーを60cm 利用する。そして、9 分間、同一人物は利用できない。9 分経過後はまた利用できるという仕組みである（写真 8 - 3）。

顔認証を利用したサービスが日本でも登場しつつあるが、環境が異なる日本では、まだまだ消費者の抵抗感は強いかもしれない。羽田空港、成田空港

写真 8 - 3　顔認証による
　　　　　　　トイレットペーパー管理の装置

著者撮影（2018年）

で顔認証が導入されてはいるが、日常的に飛行機を利用するのは、日本では
ごく一部である。

⑷　顔認証の決済以外の使い方

　顔認証では、芙蓉江菜市場がおもしろい実証実験を行っている。ここは手
のひら静脈認証を使った Take Go（テイクゴー）という自販機が設置され、
手のひら静脈認証決済の店舗での導入に向けた実証実験も行われている最先
端技術には前向きの市場である。

　芙蓉江菜市場の入口にはカメラが設置され、顔認証を行う。そこには大き
なスクリーンが設置され、通過する顧客を分類している。性別、年齢層、そ
して、本日の入店回数、会員か否か、会員の場合には VIP かなどが一目で
わかる。現時点では、実用化はされていないが、決済にとどまらない顔認証

の可能性を感じるものである。

8-1-3　衰退する無人店舗とニューリテールの台頭

(1)　衰退する無人店舗

　一時、中国の無人店舗のニュースは日本でも日々流れていた。IT を駆使した最先端の店舗は非常に魅力を感じ、日本の労働力不足を解消する次世代の店舗とも期待されていた。しかし、無人コンビニとして名を馳せた BingoBox（ビンゴボックス）だが、上海からは撤退していた。Jian24（ジェン24）も同じく、上海では店舗を見つけることができなかった。無人店舗は技術検証としての実証実験は続いているようだが、採算を求めた実用化となると、少々厳しい現実がある。

　無人店舗の弱点は、品揃えが良くはない、品数も限られる点にある。特に生鮮食品など賞味期限の短い食品を扱うことは難しい。効率化を重視し、サービスという観点は欠ける。価格の優位性はなく、ほぼ定価の販売となる。そして、QR コードをたびたび読み込ませ、決済も自分で行う必要があり、意外とめんどうくさい。実証実験であれば、最新技術を体験するだけでも楽しいが、実際に日常生活の一部となるためには、利便性などの消費者のメリットが必要となる。

　そして、開業当初の目新しさがなくなると、近隣の競合するコンビニなどとは勝負にならず撤退、縮小という道を選択せざるをえない。生き残るためには、過疎地や早朝、深夜などの労働力が不足する場所や時間帯での営業とするか、儲けを度外視した見世物に徹するしかないだろう。

(2)　使い勝手の悪い無人コンビニ BingoBox

　上海からは撤退した BingoBox を杭州のイベント会場前で見かけたが、近隣にはコンビニが見当たらず、立地としては適していると思われる。しかし、そのイベント会場に 3 日間通ったが、BingoBox に人影をみることはなかった。すでに一時の人気も関心もないようである。

　入店するには、アプリを起動し、QR コードを表示する。そして、店舗ド

ア付近のセンサーに QR コードをかざし、入店する。店舗は狭く、品揃えも十分ではない。商品には RFID（電子タグ）が貼付されている。出口付近には、精算台があり、商品を並べると、RFID を読み込み、自動的に計算される。合計金額を確認し、Alipay で決済し、買い物は終了である。

　品揃えは飲料、お菓子程度であり、これらの商品を購入するならば、正直、自販機のほうが楽だと感じる。また、個人的に狭いところが苦手なこともあり、また入りたいという感情は起きなかった。

参 考　成功している無人店舗（スウェーデン）

　スウェーデンの事例となるが、無人店舗で成功している事例もある。日本の労働力不足が深刻な過疎地には、非常に参考になるものである。

　スウェーデン南部の人口4,200人の海沿いの Viken（ベルケン）という街のコンビニである。

　24時間365日、無人での営業となっている。仕組みはスマホアプリでドアを開き、商品のバーコードをスマホアプリで読み取り、決済を行うもので、手間はかかる。店主は必要に応じて、自宅からカメラで店舗を監視している。

　しかし、この街は過疎化が進み、この店舗以外は撤退しており、ちょっとした買い物でも自動車で数十分かけて隣町まで移動する必要がある。そのため、この店舗が地元で日常生活を送るための最後の砦となっている。顔見知りが利用することもあり、この店舗では万引きなど、犯罪が起こることはなく、近隣住民が皆でこの店舗の維持に努めている。無人店舗は立地が重要である。

---

(3)　ニューリテールの台頭

　技術力のアピールに注力した無人店舗の衰退に対し、消費者が本来期待すること、つまり、安心・安全、鮮度、エンターテインメント性（楽しみ）、ストレスフリー（レジ待ちがないこと）、宅配などの利便性を実現する店舗が中国では成長している。いわゆる、ニューリテールである。IT はアピールされず、後方で消費者の期待するサービスを支える役割に徹している。

⑷　一見普通のコンビニの猩便利（ゴリラコンビニ）

　まず、猩便利（シンビィエンリー）、通称ゴリラコンビニである。店頭で等身大のゴリラの人形が出迎えてくれる。近隣には日系のコンビニもあるが、猩便利は多くの顧客を集めている。

　店員は常駐し、肉まんなどの温かい商品も提供している。店舗も広く、品揃えも十分である。そして、イートインコーナーもあり、傘、書籍のシェアリングサービスもある。

　普通のコンビニと異なるのは、Scan & Go（Self-Scan と同じサービス）を導入していることである。消費者はアプリを起動し、商品のバーコードを読み込み、合計金額を確認し、決済用の QR コードを表示し、レジ脇の QR コードリーダーで、その表示された QR コードを読み込ませれば、買い物は終了である。消費者が最も嫌うレジ待ちという概念がない店舗である。なお、現金での決済は、店員が対応してくれ、スマホアプリをダウンロードしていない著者のような観光客も排除されることはない。

　猩便利は街の身近な便利スポットというコンビニの良さを生かしながら、消費者が最も嫌うレジ待ちを解消している。

⑸　小売店＋物流センター＋レストラン＝盒馬鮮生

　盒馬鮮生は、上海だけでも数店舗出店しており、人気の Alibaba 系の生鮮スーパーマーケットである。

　まず、入店して、そのきれいさに驚かされる。清掃は行き届き、陳列も整然としている。そして店員が非常に多い。日本では労働力不足の対応が店舗の重要課題だが、盒馬鮮生はその流れに逆行した労働集約型の店舗である。

　そして、目を見張るのはいくつもの大きな、魚や貝、海老などの生け簀である。鮮度とエンターテインメント性のアピールである。この生け簀をみているだけでも楽しい。生け簀から海鮮を選び、15元（約250円）ほどの手数料で、その場で調理してくれる。材料費を含めても、他の店舗よりも安価で、そして何よりも確実に鮮度の良い食材を使っており、盒馬鮮生はレストランとしても人気がある。なお、完成した料理は、アメリカの項で紹介した

eatsa のようなコインロッカー的な棚にセットされ、自分で取り出す。

　生鮮売場には「宵越しの肉は売りません」という意味の「不売隔夜肉」の文字が並ぶ。商品のパッケージには、今回、火曜日に訪問したが、「2」とう数字が印字されている。「2」は火曜日を指す。「1」が月曜日で、「7」が日曜日であり、一見して、製造日がわかる。また、商品のバーコードをスマホアプリで読み込むと産地、生産者、流通経路などのトレサビリティ情報、さらには調理方法が参照できる。

　売場には、盒馬鮮生のポロシャツを着用したスタッフが慌ただしく商品をピックアップしている。店舗より半径3km以内は30分以内で宅配するサービスのために、従業員は1秒たりとも時間を無駄にできず、時間に追われている。そして、天井にはレールが張り巡らされており、従業員がピックアッ

写真8－4　盒馬鮮生のピックアップのようす

著者撮影（2018年）

プした商品を天井のレールを用いて、店舗裏のバイク便の待機場所まで送っている（写真8－4）。

　決済は Self-Checkout である。顔認証も利用可能である。そして、盒馬鮮生では、競合の WeChat Pay は利用できないが、現金でも決済は可能である。一時期、Alipay に限定していたが、政府からの要請もあり、必ず現金決済のレジを設けている。アメリカと同様に Unbanked に配慮したものである。

　盒馬鮮生は生鮮スーパーマーケットではなく、店舗と物流センターとレストランが融合した総合レジャーランドと呼んでもよい。

⑹　競合 Tencent もニューリテールに参入 Carrefour Le Marche

　Alibaba（Alipay）に対する Tencent（WeChat Pay）も超級物種という直営の生鮮スーパーを出店している。生け簀など盒馬鮮生と同様なサービスを提供するものの、小規模なため、上海ではあまり目立った存在ではない。

　その一方、Carrefour と共同で出店した Carrefour Le Marche（カルフール・ル・マルシェ）は大規模で、人気店となっている。フランス資本の Carrefour だが、中国も含めアジアではあまり人気がなく、苦戦している。実際、上海の単独の Carrefour の店舗は従来型の大型ディスカウント店の形態であり、その古さは隠しようがない。しかし、Carrefour Le Marche は盒馬鮮生と同様に最先端の店舗である。

　Carrefour Le Marche にも生け簀はある。そして、その場で調理してもらい、その場で食べられる。宅配も可能だが、1時間以内の配送であり、盒馬鮮生よりも余裕はある。そのため、盒馬鮮生のように、時間に追われ、ピッキングする従業員の姿は目にしない。

　特徴は3種類の決済方法である。①有人レジ（現金、カードもしくはWeChat Pay）で決済、②Self-Checkout（カードもしくは WeChat Pay）、そして③Scan & Go の掃碼購（サオマーゴウ）である。掃碼購を利用すると、レジでの決済は不要で、専用出口を通過し、商品の袋詰めだけを行えばよい。

(7) フードデリバリーサービスの流行

盒馬鮮生や Carrefour Le Marche による宅配サービスだけでなく、フードデリバリーサービスは流行である。Alibaba 系の餓了麼（ウーラマ）は特に人気で、ランチの時間帯には、たくさんの青いジャンパーを着たバイク便が街中を走っている。

また、スターバックスも、餓了麼と共同で「専星送」（スターバックスデリバリーズ）というサービスを立ち上げ、デリバリーサービスに参入した。スマホアプリからの注文に限定し、デリバリーに注力したローカルの luckin coffee（ラッキンコーヒー）の人気に対抗したものである。

(8) Alibaba 直営のショッピングモール亲橙里は最先端な店舗が並ぶ

亲橙里（チンチェンリー）は、2018年4月開業の Alibaba 直営のショッピングモールである。Alibaba 本社の隣に位置し、杭州市街から少々距離があるが、モール内は大変な賑わいである。

Alibaba 直営の淘宝心選（タオパオシンシェン）、天猫精霊（ティーモールジニー）、盒馬鮮生、天猫国際（ティーモールグローバル）も出店している。また、中国のショッピングモールには高級ブランド店が多々出店するが、ここでは見当たらない。そして、飲食店が半数を占め、最上階は映画館であり、歯科医院なども入居する。

亲橙里に入ると、まずは天猫U先を囲む人だかりが出迎えてくれる。天猫U先は Alipay での決済だけに限定し、価格は0.1元（約0.16円）で、化粧品などのサンプル品を販売する自販機である。販売が目的ではなく、そこから得られる顧客データを収集することが目的と思われる。0.1元であれば、だれもが気軽に購入するが、そこには購入の際の嗜好が表れる。

地下1階は盒馬鮮生で、1階には Alibaba 直営店が出店している。

淘宝心選は Alibaba の EC サイトである淘宝網（タオバオ）が展開する無印良品と似た雰囲気の直営店である。手頃な価格のリビング雑貨を中心に文具、家電などを販売している。淘宝網の人気商品を扱う、Amazon 4-Star のような店舗である。

天猫精霊は Alibaba の AI スピーカーなどの最新製品を体験できるアンテナショップである。個室に入ると、AI と VR を体験できる。

　Alibaba の直営店ではないが、MiSHOW という VR で試着できるアパレルショップも人気である。いろいろと着替えができるが、VR とはいえ、大衆の面前での試着となるので、少々恥ずかしい。

　その他、カラオケボックスのような個室が多々設置され、カラオケだけでなく、子どもの遊び場のような個室もある。かなりの人気で、ほとんどのボックスは埋まっている。

8-2 台　湾

8-2-1 日本の一歩先を行く、日本のキャッシュレス化のモデルとなる国

⑴ 日本と似ている台湾の決済事情

　台湾の決済の状況は日本と似ている。銀行口座の保有率は高く、クレジットカードは普及しているが、銀行口座から直接引き落とされることに抵抗がある人が多く、デビットカードはあまり利用されていない。

　さらに台北の Easy Card（イージーカード）、高雄の iPASS（アイパス）などの交通系電子マネーは日常的に利用されている。加えて流通系の電子マネーとして、セブン-イレブンを運営する統一グループは icash（アイキャッシュ）を発行している。これら電子マネーは交通機関、自社グループ店舗以外にも加盟店を開拓し、利用場所は多岐にわたり、少額決済の一翼を担っている。また、銀行の店舗、ATM は非常に多く、現金での生活に支障はない。

　台湾のキャッシュレス化は日本よりも若干進展している。2015年時点のキャッシュレス決済比率は26％（日本：18.4％）であり、2017年で31.95％と

着実に進展し、2020年には52%、2025年には90%以上（日本：40%）を目指している。最近では、LINE Pay、街口（JKO）Pay、台湾 Pay などの QR コード決済が登場し、コンビニ、飲食店、屋台などで QR コードの表示を多々目にする。ただし、台湾ではすでに QR コード決済の勝敗は決着しつつある。

(2) 台湾のスマホ決済

台湾では人気の QR コード決済がいくつかある。まず、台湾 Pay だが、日本でも経済産業省、キャッシュレス推進協議会が統一規格「JPQR」の検討を進めているが、台湾 Pay は台湾政府主導でつくられた QR コード決済の統一方式の実現を目指したサービスである。政府主導ということで、その普及が期待されていたが、銀行が中心となり展開していることもあり、堅いイメージもあってか、現時点では他のサービス（LINE Pay、街口 Pay）の後塵を拝している。少額決済に関しては、信頼性も重要だが、身近な存在ということも重要な要素となる。

(3) 人気ナンバー1の QR コード決済 LINE Pay

人気ナンバー1の LINE Pay だが、日本でもおなじみの LINE の決済ツールである。台湾でもコミュニケーションツールとしての LINE は日本、タイと同様に人気が高い。台湾の人口は約2,500万人だが、その75%相当の1,800万人が LINE ユーザーである。日本の LINE ユーザーの人口比率は62.5%だが、その普及状況は比較にはならない。台湾の LINE Pay は LINE の絶対的なコミュニケーションツールとしての地位を生かし、決済機能としての役割へと進化している。

(4) 屋台などに積極展開する街口 Pay

人気ナンバー2の街口 Pay は、台湾ローカル企業のサービスである。台湾で有名な女優をプロモーションで活用し、認知度を向上させ、小規模な店舗をターゲットに加盟店を開拓している。特に夜市の屋台の加盟店開拓を積極的に行っていることは興味深い。「饒河街観光夜市」では、街口 Pay の表示を多々見かける。

すでにカード決済インフラが整っている店舗や高額決済の領域にはQRコード決済の進出は不要であり、いままでもろもろの都合でキャッシュレス環境が整っていなかった屋台などに進出することが、キャッシュレス化の進展では重要である。また、屋台で現金を扱わないことは、衛生面、少人数でのオペレーションなどキャッシュレス化による恩恵も多い。

　さらに街口Payはタクシー予約、料理のデリバリー、公共料金の支払にも対応し、決済だけではなく、日常生活に密着したサービスとなっている。

　(5)　中国勢のAlipay、WeChat Payはインバウンド対策

　また、Apple Pay、Google PayのNFCのスマホ決済もコンビニなどで利用でき、利用状況はLINE Payに続く。

　さらに、中国勢のAlipay、WeChat Payの表示も目につく。特に、夜市では積極的にキャンペーンを行っている。ただし、中国人観光客向けのインバウンド対策にすぎない。台湾人向けには、歴史的、政治的、また個人情報に関する意識の違い（たとえば、中国企業であるAlipayを利用することで、芝麻信用にスコアリングされることには抵抗があり、台湾ではそのスコアにも価値はない）もあり、台湾での中国勢のサービスの普及は難しい。

8-2-2　台湾にも無人レジ店舗は登場したが……

　台湾にも無人レジ店舗が登場した。セブン-イレブンのX-STORE（エックスストア）である。無人店舗ではない。店員はレジ作業の必要はないが、商品の補充や陳列を行う。実は著者は入店の際に、ゲート内に閉じ込められてしまった。すぐに店員が駆けつけてくれたが、これが無人店舗だったらと思うと、いまでもこわくなる。

　店頭ではロボットが出迎えてくれる。そして、ゲートはセブン-イレブンのicashでタッチするとゲートが解錠され、入店できる。ただし、タッチする場所が、右上の壁面であり、いままでに経験のない動作であることに違和感を覚えた。精算は画像認識を用いて行われ、精算台に商品を載せると、自動的に計算され、決済はicashで行う。なお、実験中だが、セブン-イレブ

ンの社員などの関係者は顔認証で入店できる。

また、冷気を逃がさないために、消費者が近づくと開き、離れると閉まるエアーカーテン対応の飲料棚もある。イートインコーナーもあり、消費者はX-STORE で買った商品をレンジで温めて、そこで飲食も可能である。

X-STORE は IT の展示場としては非常に魅力的であり、著者が訪問したのが開店当初ということもあり、興味本位の人も含め大混雑であった。

ただし、日常的に利用する店舗としては、入店や決済にも手間がかかる。コンビニは気軽に便利に使えることが重要であり、X-STORE でちょっとした買い物をするだけならば、自販機のほうが便利と感じた。

半年後に訪問すると、やはり、消費者は近隣他店に戻ってしまい、2019年3月、1年を待たずに、撤退を発表した。

8-2-3　新たな取組みを行う銀行も登場

⑴　ちょっとした工夫で業務の効率化

台湾では銀行はまだまだ多い。このあたりも日本と同様である。街中には従来の銀行の店舗、そして ATM が目につく。

そのなかでも、中国信託商業銀行の窓口はおもしろい。中国信託商業銀行は2014年に東京スター銀行を買収したことで、聞き覚えのある人も多いと思う。銀行の窓口で、申込書等の各種書類を書く。そして窓口係はその書類をバックオフィスに手渡しする。たいした時間ではないが、その時間はロスとなる。中国信託商業銀行では、窓口係は顧客が記入した書類をカプセルに入れ、上層階のバックオフィスに送っている。天井にはカプセルを通すためのチューブが備え付けられている。中国の盒馬鮮生の小型版、原型のようである。

さらに、窓口係は同時に2組の顧客対応をしている。窓口には仕切りがあり、顧客は左右の座席に座り、行員は一方の顧客が書類を記入している間に、もう一方の顧客の対応を行う。天井を飛び交う書類とともに、IT 化など最先端な取組みではないが、投資コストもかからず、確実に効果が出る取

組みである。なお、中国信託商業銀行はこれら地味な取組みだけを行っているわけではない。一部の ATM には指静脈認証を導入するなど先進的な取組みも行っている。また、生体認証では、玉山銀行が ATM に顔認証を導入することを発表しており、ATM への指や手のひらの静脈認証の導入は日本のほうが早かったが、顔認証は先を越されてしまった。

⑵ 若者をねらった銀行店舗 KOKO Lab

　世界の潮流だが、台湾も若者の銀行離れは深刻な問題である。アメリカの Capital One や Umpqua Bank と同様の戦略で、台湾では國泰世華銀行が KOKO Lab（ココラボ）を出店している。著者は夏に訪問したが、銀行という印象はまったくない、アイスクリームをコンセプトにした店舗であった。なお、店舗レイアウトは季節ごとに変更している。夏場の台北の暑さは厳しく、涼しいところに気軽に入れることだけで十分うれしかったが、KOKO Lab の口座保有者であれば、アイスクリームがもらえるらしい。KOKO Lab が銀行であることに気づかされるのは、KOKO Bank のネットバンクを利用できる PC が設置されていることくらいである。なお、台新銀行も、Millennial 世代向けの Richart（リチャート）というセカンドブランドを立ち上げている。

　台湾以外でも、セカンドブランドをもつ銀行が増えているが、銀行は IT による利便性の追求だけではなく、気軽な、身近な存在であることを訴えることが必要な時期にきているようである。

⑶ ネットバンク重視の銀行の登場 O-Bank

　もう 1 行、KOKO Lab と同じ通りに、王道銀行（O-Bank）というおもしろい銀行の店舗を見つけた。オレンジを基調としたガラス張りの派手な店舗で、正義の味方のような等身大のキャラクターが出迎えてくれる。従来型の店舗が多い台湾の銀行では非常に異質である。行員もイメージカラーのオレンジ色のポロシャツで、カウンターもなく、テーブルやソファで顧客対応を行っている。王道銀行はもともとが工業銀行で、2007年に商業銀行へ業態転換したが、一般消費者には知名度がなく、店舗も 8 店舗と少なかった。その

ため、ネットバンクをメイン事業とし、店舗はブランディングと対面を希望する顧客の相談を受ける場と位置づけている（写真8−5）。

　少々、行員の数は多いが、オランダやスウェーデンの店舗とコンセプトは似ている。オランダでは、ING Group や Rabo Bank はキャッシュレス化の流れとデジタル化の進展に伴い、店舗、ATM を削減し、ネットバンクに注力している。王道銀行はもともと店舗が少なかったため、ネットバンクに注力したので、順番は逆とはなるが、結果としては Rabo Bank などと同じ店舗戦略である。近未来の銀行の姿は、王道銀行、オランダの ING Group や Rabo Bank のように、日々のオペレーションはネットバンクで、店舗は相談やアドバイスを行う場となるのだろう。

　また、楽天が台湾での銀行業参入を予定している。もともと、台湾では楽天カードは日本への旅行時に各種特典があり、人気のクレジットカードである。日本での銀行、金融ノウハウを活用したモバイル専業銀行である楽天國際商業銀行の台湾での躍進には期待したい。そして、そのノウハウが日本に戻ってくることを期待する。

写真8−5　王道銀行の店舗

著者撮影（2018年）

第 **9** 章

東南アジア・南アジア

9-1 東南アジア・南アジア全般

9-1-1 若い国民が消費を牽引する

経済成長が著しい東南アジア・南アジアの途上国は、銀行の店舗、ATM などの金融インフラが普及しておらず、銀行口座、クレジットカードの保有率も低い。しかし、平均年齢が20代の若い国が多く、彼らの多くは両親よりも高学歴であり、収入も多い。そして、その彼らが消費の中心を担い、スマホなどの IT を活用した金融サービスは普及しつつある。

9-1-2 東南アジアでも国により状況は大きく異なる

東南アジア・南アジアと地域として一括りにすることが多いが、その経済、金融包摂の状況は大きく異なる。

シンガポールは金融サービスでは日本よりも先を行き、マレーシア、タイも中間国の罠からの脱皮をねらっている。そして、これら3カ国の銀行口座保有率は80%を超える。

インドネシアは世界第3位の人口を生かし、経済成長を続け、銀行ではなく、FinTech 企業の躍進により、銀行およびモバイルウォレットの口座保有率もようやく50%程度となり、金融包摂は進みつつある。

フィリピンは海外への出稼ぎ者が人口の1割を占める出稼ぎ大国であり、さらにネパールは GDP の27.8%（2017年）を国際送金が占め、国際送金が金融の中心である。ベトナム、カンボジア、ミャンマーに至っては、銀行によるリテール金融は十分に機能しておらず、まずは金融包摂が第一の課題である。

9-1-3　国内地域格差と送金サービス

　シンガポールは都市国家であるため除外となるが、マレーシアのクアラルプール、タイのバンコク、インドネシアのジャカルタなど首都と地方都市では経済格差、そして金融サービス、キャッシュレス環境は大きく異なる。その差は、日本の東京と地方都市の差よりも大きい。そのため、国内でも地方部から都市部への出稼ぎ者が多い。銀行インフラが整わない国や地域では、通信会社の送金が身近な金融サービスであり、スマホによる個人間送金は日常生活に不可欠なサービスである。

　さらに、その仕組みは少額決済領域にも進化しつつある。カンボジアのWing、ネパールのIME Pay（アイエムイーペイ）などは送金サービスから少額決済へと進化しつつある。

9-1-4　異業種から決済事業への参入

　銀行口座保有率が低い国では、銀行はリテール金融としての役割を担っていない。ただし、それらの国も、携帯電話所有率は高い。その通信会社がスマホで、その拠点網を生かした金融サービスを提供する。フィリピンのG Cash（ジーキャッシュ）、ミャンマーのWave Moneyなどは通信会社が提供する金融サービスである。

　さらに、地下鉄などの公共交通機関が発達しない国では、バイク便などが日常生活の足となる。日常生活に密着したライドシェアサービスが金融サービスも提供する。インドネシアではバイク便のGrab、Gojekがそれぞれ、OVO、Go Payを提供している（図表9－1）。

9-1-5　中国勢の脅威

　そして、忘れてはならないのが、中国勢である。Alipayを展開するAnt Financial ServiceはGrab（東南アジア全域）、Touch & Go（マレーシア）、True Money（トゥルーマネー：タイ）、PiPay（パイペイ：カンボジア）など東

図表 9 － 1　異業種から決済事業への参入

			口座保有率 （%）	政府・団体
1	シンガポール		97.9	NETS @FlashPay
2	マレーシア		85.3	
3	タイ		81.5	
4	インドネシア	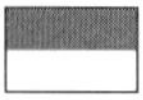	48.8	Link Aja!
5	ネパール		45.3	
6	フィリピン		34.4	
7	ベトナム		30.7	
8	ミャンマー		25.9	
9	カンボジア		21.6	

（注）　口座保有率は銀行、およびモバイルウォレット等の各種口座を含む。

南アジア各国の主要決済事業者を買収、もしくは提携し、その勢力圏を拡大している。

　Alipay は日本や台湾では、中国からの観光客向けの決済サービスだが、東南アジア・南アジアでは、それぞれの国の住民向けのサービスとしての展開をねらっている（図表 9 － 2）。

銀行	通信	ほか
	GCash	

図表 9 − 2　Alipay のアジア進出

9-2　シンガポール

9-2-1　適材適所のキャッシュレス環境が整う国

(1)　決済手段のフルラインアップ

　著者のみた限りとなるが、シンガポールは最も適切なキャッシュレス社会が構築されている国である。銀行口座、クレジットカード保有率は高い。3大銀行（DBS、UOB、OCBC）が共同で出資、運用する NETS というデビットカードは国民のほとんどが保有する。つまり、ほぼすべての国民がキャッシュレス決済を利用できる手段をもっている。

　また、カード決済端末導入の初期、運用費用を支払うことが困難な小規模

図表9−3　適材適所のキャッシュレス

店舗には QR コード決済が普及しつつある。そして、国民 ID と連携した個人間送金の PayNow も提供され、適材適所のキャッシュレス手段が提供されている（図表9−3）。

(2)　NFC コンタクトレス決済の普及

セブン−イレブンなどのチェーン店、大規模店舗では、NFC コンタクトレス決済を利用できる。ブランド系の Visa payWave、Mastercard Contactless などに加え、NETS が提供する NETS FlashPay（ネッツフラッシュペイ）、交通系 IC カードの ezLink（イージーリンク）、通信大手 Singtel（シングテル）の dash（ダッシュ）という NFC コンタクトレス決済サービスが普及している。

(3)　IC 乗車券も普及、そして Openloop へ

シンガポールは MRT が日常生活の足となる。IC 乗車券の ezLink に加え、NETS FlashPay でも乗車できる。加えて、Openloop の仕組みである Simply Go（シンプリーゴー）も本格稼働し、Mastercard Contactless で、ロンドンと同様に、両替や IC 乗車券を購入することなく、海外からの旅行者も、シンガポールの街中で日常生活を送ることができる。

⑷　ホーカーでは QR コード決済が普及

　シンガポールは物価が高いが、ホーカーと呼ばれる屋台街では格安で食事ができ、著者も何度となく利用している。屋台の店頭には QR コードが貼付されている。NETS FlashPay に加え、ライドシェアサービスの Grab Pay、そして3大銀行それぞれの DBS PayLah！（ディービーエスペイラ！）、UOB MIGHTY（ユーオービーマイティ）、PAY ANYONE（ペイエニワン）である（写真9－1）。

　屋台では衛生面において、現金を扱うよりもキャッシュレスが適している。他の国の屋台では、現金の受渡しを行った手でそのまま料理している姿に不快感があったが、シンガポールの屋台では気持ち良く食事ができる。

　また、シンガポールでは SGQR という共通 QR コードもすでに制定されており、現在の日本、そして QR コードの覇権争いをしている他の東南アジア諸国のように、店頭にさまざまな QR コードが並ぶことはない。3大銀行のサービス、そして NETS が3大銀行の出資であることから、SGQR への統一も簡単であろう。これが、多数のサービスが乱立した後であれば、それ

写真9－1　ホーカーの QR コード

著者撮影（2018年）

らの事業者をまとめるだけで、それなりの時間を要してしまう。

(5) 個人間送金 PayNow も普及

3大銀行に加え、外資銀行も含めた7行が共同で構築した PayNow という個人間送金が、割り勘などの小銭のやりとりでは活躍している。日本のマイナンバーに相当する NRIC という国民 ID を認証に利用した携帯電話番号での無料の個人間送金である。

PayNow は、タイの同様の仕組みである Prompt Pay との連携も決まっている。東南アジア諸国では、国民 ID を送金に有効に活用しており、シンガポールの PayNow、タイの Prompt Pay に続き、政府主導の個人間送金が登場する可能性もある。そして、それらが連携できれば、東南アジア地域、もしくは ASEAN 加盟国などの枠組みで、1つの経済圏をつくることも可能である。

9-2-2 キャッシュレス環境を生かした日常生活の利便性向上への取組みが始まる

(1) Self-Checkout の導入が始まる、今後の普及に期待

庶民的なスーパーマーケット FairPrice(フェアプライス)、老舗の Cold Storage(コールドストレージ)、中華系の Sheng Siong(シェンシオン)などでは、Self-Checkout が導入されつつある。まだまだ操作に慣れない消費者も多く、店員のサポートを受けるケースも多い。

さらに、ハイブリッド式のセルフレジも目立つ。店員が商品をスキャンし、消費者にレシートを手渡し、精算機で支払う。支払は現金、もしくはカード決済である。

一方、セブン-イレブンなど、クレジットカード、デビットカードに対応している店舗では、QR コードの表示をみることはない。すでにカード決済によるキャッシュレス化が整備された店舗への QR コードによるアプローチはないようである。

⑵ フードデリバリーサービスが流行

シンガポールの街を歩いていると、Deliveroo（デリバルー）、Uber Eats、FoodPanda（フードパンダ）、honestbee（オネストビー）などのフードデリバリーサービスのバイク便が目につく。

honestbee のスマホアプリをダウンロードし、ホーカーの料理をホテルまで配達してもらった。時間どおりに温かい料理を届けてくれた。なお、honestbee はフードデリバリーだけではなく、指定した店舗での買い物の代行も行う。決済はスマホアプリに登録したクレジットカードで行うため、配達員との現金のやりとりはない。注文と同時に決済が完了している。

⑶ キャッシュレス店舗の登場 habitat

その honestbee が完全キャッシュレス店舗 habitat（ハビタット）をオープンした。とにかく巨大な店舗である。

入店の際には、スマホアプリをダウンロードし、QR コードをゲートにかざす。店内は天井も高く、お洒落な空間である。そして、販売スペースとイートインコーナーが混在し、テーブル席、ソファ席など、その時の気分に応じて席も選べる。そして、いつでも、どこでも、食べたいものを食べることができる。品揃えも世界各国から取り寄せられ、新鮮な魚介類、日本産のお米も並ぶ。

天井には、中国の盒馬鮮生と同様にレーンが引かれており、honestbee のもともとのサービスである、迅速、正確な宅配サービスにも対応している。

決済方法は2種類ある。商品が10点未満であれば、その場で商品のバーコードを専用アプリで読み取り、登録ずみのクレジットカード、デビットカードで決済が完了する Scan & Go 方式である。そして、数秒後にはスマホアプリにレシートが送付されてくる。また、産地情報などのトレサビリティや料理方法の提案も表示される。

購入商品が10点以上の場合は、habitat を有名にした AutoCheckout を利用できる。商品を乗せたカートを精算カート用の置き場にセットすると、受付メッセージが送られてくる。そして5分程度で、準備完了のメッセージが

スマホアプリに送られてくる。その後、Collectin Point へ移動し、QR コードをかざすと、ロッカーが近づき、袋詰めされた商品を受け取ることができる。決済はスマホアプリに登録ずみのクレジットカード、デビットカードで完了しているので、これで買い物は終了である。レジでの商品の確認、金額の計算、決済という部分をブラックボックス化しており、実際にレジで並ぶのと時間的には大差はないが、行列に並び、店員の精算処理を目の前で待つことがないため、ストレスフリーな仕組みである。受付の際に送られてきたメッセージにも印刷されていたが、時間に余裕があれば、店内の快適なスペースで、コーヒーでも飲みながら待つのも粋である。

9-2-3 従来型の銀行からの転換期

(1) 銀行は3大銀行グループに集約

銀行は合併・統合が進み、DBS（DBS Bank Limited）、UOB（United Overseas Bank Limited）、OCBC（Oversea-Chinese Banking Corporation Limited）の3大銀行グループに集約されている。

店舗の多くは、路面店ではなく、ショッピングモールの一角に出店している。街中を歩いても、店舗同様に、ATM を頻繁に目にすることはないが、ショッピングセンター、MRT の駅などの人が集まる場所には適切に設置されている。店舗、そして ATM も無駄を感じない。DBS 傘下の POSB（旧郵貯銀行）の ATM は21歳以下の学生、兵役中の軍人には手数料を免除しており、他行の ATM は行列していることは少ないが、POSB の ATM だけは行列していることが多い。

(2) GANDALF の一角を目指す DBS

DBS は1968年にシンガポール政府により設立された東南アジア最大の資産をもつ銀行である。東南アジア全域に100以上の店舗を出店している。

デジタルに注力しており、GANDALF（ガンダルフ）の一翼を担うことを目指している。GANDALF とは、Google、Amazon、Netflix（ネットフリックス）、Apple、Linkedin（リンクトイン）、Facebook という大手 IT 企業の

頭文字に、DBSのDを加えたものである。なお、GANDALFとは、「指輪物語」に登場する魔法使いの名前である。

店舗では画面を通じて対面の顧客サービスを提供するビデオテラーマシン（VTM）を導入し、24時間、画面を通じて銀行員と対面で、残高照会や明細書の発行や申請ができる。

(3) Millennial世代を攻めるUOB

UOBは1935年の設立で、東南アジア全域に展開している。

Millennial世代向けの実験的な店舗を出店し、デジタルでの顧客対応を実現している。その店舗には行員は2名しか常駐しておらず、かわりにロボット行員が常駐している。そして、壁面にはQRコードが掲示され、必要な情報はQRコードを読み込むことで取得できる。

(4) 古いイメージを払拭するOCBC

OCBCは革命期に海外に流出した華僑が中心となり設立した銀行である。東南アジアを中心に13カ国へ展開している。

Frankという別ブランドで店舗を出店し、クレジットカードも発行している。クレジットカードはかわいらしい図柄や美しい図柄など自由に選択できる。Frankとは正直な、はっきりとしたという意味で、だれにとってもシンプルでわかりやすい金融サービスであることをアピールしている。従来の銀行の古典的・伝統的なイメージを払拭し、Millennial世代、Z世代の若い世代を取り込むことを目指している。

9-3 マレーシア

9-3-1 多民族国家流のキャッシュレス

(1) 整備されたキャッシュレス環境

マレーシアの銀行口座保有率は高い。そして2017年以降は、キャッシュカードには、Visa、Mastercard の NFC コンタクトレス決済機能が付帯され、ほぼすべての国民が NFC コンタクトレス決済の手段を保有している。なお、250リンギット（約700円）までは、タッチだけで決済が完了する。さらに、12歳以上の全国民は MY KAD（マイカド）という国民 ID カードを保有している。

また、大手小売店やチェーンストアでは、NFC 対応も含め、カード決済端末は普及している。加えて、クアラルンプール市内を歩くと、店頭には Visa、Mastercard などのブランドに加え、Touch & Go、Razer Pay、Alipay など少額決済のアクセプタンスマークも見かける。

なお、空港からクアラルンプール市街への主要な移動手段である KLIA エクスプレスは Openloop を導入しており、Visa、Mastercard などの NFC コンタクトレスカードを保有していれば、切符を購入することなく、そのまま改札口をタッチすれば乗車できる。

(2) 全国民がもつ国民 ID カード MY KAD

MY KAD は、2001年に世界に先駆けて導入された IC チップ内蔵の身分証明書であり、12歳以上の全国民が保有する。カードの機能は、①氏名、住所、生年月日、出生州、性別、宗教、NRIC Number（The Malaysian National Registration Identity Card の略で、マレーシア国民や永住者に付与される識別番号）などの身分証明書、②指紋認証、顔写真、③運転免許、④パスポート情報、⑤健康情報、⑥ e-Cash、⑦ ATM カード、⑧ Touch & Go、⑨デジ

タル証明書である。

(3) 交通系 IC カードから日常生活に欠かせない決済ツールへ進化する Touch & Go

交通系IC乗車券の Touch & Go だが、金融大手グループCIMB（Commerce International Merchant Bank：シーアイエムビー）傘下の Touch & Go 社が提供する電子マネーサービスである。もともとは IC 乗車券であったが、日本の Suica、PASMO と同様に少額決済領域に進出し、さらには高速道路や駐車場などの自動車関係の決済領域にも進出している。鉄道、自動車と日常生活の移動手段を押さえたことから、ほとんどのクアラルンプール在住者が保有することになり、日常生活には欠かせない決済ツールとなっている。

世界遺産のマラッカのショッピングモールでも、Touch & Go は利用可能であり、クアラルンプールだけではなく、マレーシア全土の決済手段としての役割を担いつつある。

(4) 多民族国家ゆえの海外への関心

マレーシアはマレー系が約65%、中華系が約25%、インド系が約 8 %の 3 大民族を中心とする多民族国家である。その影響もあり、中国、インドを中心に海外事情には敏感であり、海外へ留学や就職をする若者は多い。Grab はもともとマレーシアの企業であり、LCC の雄 Air Asia（エアアジア）もマレーシア企業であり、マレーシアにとどまらず、世界で活躍する企業も多い。余談だが、イギリスの Virgin Atlantic Airways（ヴァージンアトランティック航空）は、音楽業界からの参入だが、Air Asia の設立者 Tony Fernandes（トニー・フェルナンデス）氏もワーナーミュージック出身であり、航空業界と音楽業界は相性が良いのかもしれない。そして、マレーシアの経済界は他の東南アジア諸国と同様に、華僑財閥が存在感を示し、その影響力は絶大である。

(5) 普及しつつある QR コード決済

海外事情に敏感という国民性から、QR コード決済にも関心は高い。中国の Alipay、WeChat Pay、インドの Paytm（ペイティム）などの QR コード

決済もすでに認知され、Alipay はセブン-イレブン、スターバックスなど多くの小売店でも利用できる。Alipay、WeChat Pay のマレーシアでの展開は、日本と異なり、爆買いの中国人観光客だけをねらったものではない。Alipay を運営する Ant Financial Service が Touch & Go と提携し、WeChat Pay を運営する Tencent がマレーシアの電子マネーのライセンスを申請していることからも、マレーシア在住者をねらったものとわかる。

　加えて、国内勢では、マレーシア最大の銀行 Maybank（メイバンク）は、Maybank QR Pay（メイバンク QR ペイ）、共同購入型クーポンサイトの Boost、東南アジア全域で活躍するライドシェア Grab の Grab Pay などの QR コード決済サービスも登場している。後述する Razer Pay も含め、現在、マレーシアは、QR コード決済の乱立期である。

(6)　華僑系財閥による加盟店開拓

　Razer Pay は華僑系財閥の Berjaya Group（ベルジャヤ・グループ）とアメリカのゲーム周辺機器メーカー Razer（レイザー）社の合弁会社が提供する QR コード決済サービスである。

　Berjaya Group はセブン-イレブン、スターバックス、ウェンディーズ、カーリング・ファーマシー（薬局チェーン）、コーズウェイ（コスメ販売）、ボーダーズ（書籍販売）、ラジオショック（家電）などの小売店を傘下にもち、小売業界での影響力は絶大である。

　Razer Pay は、セブン-イレブン（2,241店舗（2018年6月時点））を中心に、Berjaya Group 傘下の約6,000店舗への展開を目指している。当然、グループ企業店舗の周辺一円の加盟店開拓もねらっている。

9-3-2　便利な小売事情

(1)　品揃えが豊富で、安価な大型スーパーマーケット

　日系も含め、クアラルンプールの街は大型スーパーマーケットが多い。日本でもおなじみの AEON（イオン）、元カルフールの AEON-BIG（イオンビッグ）、シンガポールの Cold Strage、イギリスの TESCO、ローカルでは

Giant（ジャイアント）、JAYA GROCER（ジャヤグローサー）など目的や価格層に応じて、店舗を選ぶことができる。生活必需品は安いが、日本製品は人気で、日本よりもかなり値が張る。

Self-Checkout は TESCO では見かけたが、あまり利用されていない。シンガポールと同様に、慣れもあり、普及するにはまだ時間がかかるようである。

スーパーマーケットは自動車社会のクアラルンプールでは郊外に出店となるが、街中では、セブン-イレブンのほか、KK Mart（ケーケーマート）などのコンビニも多数出店されており、非常に生活しやすい。

(2) 自販機が無人店舗

チャイナタウンの最寄り駅であるパサール・スニ駅には、Iris 100Yen Express（アイリス100エンエクスプレス）という飲料とスナック菓子の自販機が設置されている。現金は利用できず、クレジットカードか Boost、Iris Pay での決済となる（写真 9 - 2）。

また、クアラルプール郊外には、Iris Pay E-concept Store（アイリスペイイーコンセプトストア）という大規模な無人店舗も出店しているが、無人店舗というよりは、Iris 100Yen Express（自販機）の集合体である。

だが、正直いうと、Iris Pay E-concept Store は無人店舗のあるべき姿であると感じる。入店には特別に何もすることなく、商品を読み取らせる手間もなく、決済も基本的にはスマホアプリで終了する。非常に便利である。

一方で、思い出したこともある。昭和の時代、地方のドライブインには、飲料だけではなく、無人でラーメンやそば、お菓子、パンの自販機が並んでいた。実は日本では昭和の時代からキャッシュレスではないが、無人店舗は存在していた。

9-3-3　減少する銀行の店舗、ATM

マレーシアも銀行は集約されている。主要銀行は、May Bank、CIMB が2大銀行である。両行は東南アジアの他の都市でも見かける。その他、イギ

写真 9 − 2　Iris 100Yen Expressの自販機

著者撮影（2018年）

リスの HSBC やシンガポールの 3 大銀行など外資系の銀行の店舗もよく見
かける。

　ATM も主要駅やショッピングモールなど人が集まる場所には設置されて
いる。

9-4 タ イ

9-4-1 政府、そしてBTSとLINEが進めるキャッシュレス社会

⑴ 国際都市バンコクはさまざまなキャッシュレスサービスが登場

　タイの銀行口座保有率は80％を超え、一般市民にとっても、銀行が身近な存在となりつつある。しかしながら、クレジットカードの審査は非常に厳しく、その保有率は低い。

　また、バンコクの街中を歩いていると、ATMが非常に目につく。ショッピングモールやオフィスビル、コンビニ、特に繁華街の周辺には多々設置されており、現金で暮らしやすい環境である。さらには国際都市らしく、両替所の数も非常に多い。

　しかし、大手小売店やチェーン店舗ではカード決済端末が導入され、キャッシュレス決済の環境は整っている。さらには、コンビニに加え、高架鉄道BTS（スカイトレイン）の駅前・駅中の店舗、露店や屋台では、Alipay、WeChat Pay、Rabbit Line Pay（ラビットラインペイ）、Prompt Pay、True MoneyのQRコード決済の表示も目立ち始めている。

⑵ 中国人観光客とともに、Alipay、WeChat Payが参入

　タイは中国人の人気観光地である。温暖な気候と人柄、そして多くの観光資源が中国人には喜ばれている。王宮、エメラルド寺院、ワット・ポー、ワット・アルンなどの人気観光スポットは中国人の団体客に占拠され、日本人の著者は肩身の狭い思いをする。

　セブン-イレブン、ファミリーマートをはじめ多くの小売店では、日本と同様に中国人観光客を目当てに、Alipay、WeChat Payが利用できる。そして、コンビニの店頭には中国語表記のキャンペーンが掲示されている。

Alipay、WeChat Pay はタイ人をターゲットとしたものではないが、タイ人にとって、QR コード決済は身近な存在となっている。

⑶ 日本に続くユーザー数を誇る LINE

タイ人も日本人と同様に SNS が大好きな国民である。日本で Facebook が普及する前の2010年頃、タイを訪問した際には、すでに Facebook は大流行しており、ある会社では業務に支障を来すため、ネットワークで制限し、閲覧禁止にしたほどである。当然、いまでも、Facebook はいうまでもなく、Twitter（ツイッター）、Instagram（インスタグラム）、そして LINE は大流行している。特に、LINE の利用者は4,100万人を超え、日本に続くユーザー数を誇っている。

⑷ SNS＋IC 乗車券＝Rabbit LINE Pay

バンコク市民の足となる BTS（バンコク・スカイ・トレイン）は、Rabbit Card（ラビットカード）という IC 乗車券を発行している。そして、BTS 以外でも、マクドナルド、ファミリーマートなど多くの加盟店をもち、日常生活に欠かせない決済手段となりつつある。

そして、Rabbit Card と約4,100万人のユーザーをもつ LINE が提携し、Rabbit LINE Pay が誕生した（写真9－3）。QR コードによる店舗での決済に加え、電気料金など公共料金の支払もできる。IC 乗車券の Rabbit Card と紐づければ、Rabbit LINE Pay からのトップアップ（入金）ができるので、BTS の窓口に並ぶ必要はない。硬貨しか使えない券売機も多く、特に、繁華街の BTS の駅では、観光客を含めて常に窓口は大行列なため、Rabbit LINE Pay からのトップアップは非常に便利な機能である。

また、Rabbit Card は、BTS がバンコク市内の交通機関であるため、全国展開は難しかったが、タイ全土にユーザーをもつ LINE との提携により、サービスエリアは全国へと拡大した。

BTS 駅周辺の加盟店開拓は進んでいたが、最近では、バンコク市民の胃袋を満たす屋台でも、Rabbit LINE Pay の表示を見かけることが増えてきた。

写真 9 − 3　Rabbit Line Pay の
決済端末

著者撮影（2019年）

⑸　政府主導の送金サービス Prompt Pay

　タイでも、国民 ID を認証に利用し、携帯電話番号と紐づけられた
Prompt Pay という個人間送金が普及している。

　5,000バーツ（約 1 万7,000円）以下の国内送金の手数料は無料であり、そ
れ以上の送金額であっても、従来の銀行の送金手数料と比べれば格安であ
る。

　最近では、少額決済領域にも進出しつつあるが、共通 QR コードであるた
め、銀行ごとの QR コードの表示が店頭を賑わすことはない。Bangkok Bank
（バンコク銀行）の Bualang M（ブアラングエム）、KTB（Krung Thai Bank：
クルンタイ銀行）の KMA（ケーエムエー）、SCB（Siam Commercial Bank：サ
イアムコマーシャル銀行）の SCB EASY（エスシービーイージー）、Kasikorn

Bank（カシコン銀行）の K Plus（ケープラス）など銀行ごとのスマホアプリで利用できる。

⑹　国際送金サービス True Money

さらに、大手通信会社系の True Money の QR コードも目につく。True Money はもともと、ネット決済、請求書払い、個人間送金サービスを提供していたが、少額決済領域にも進出している。そして、タイはメコン圏で最も発展した国であり、ミャンマー、カンボジアなどの周辺国からの出稼ぎ者を受け入れている。True Money はそれらの国々にも進出しており、タイからメコン圏諸国への国際送金を担っている。

9-4-2　増加し続ける銀行店舗・ATM

Bangkok Bank、KTB、SCB、Kasikorn Bank、Bank of Ayudhya（アユタヤ銀行）が 5 大銀行と呼ばれるが、その他多くの銀行が存在している。そのため、バンコク市内には多くの銀行の店舗、ATM を見かける。特に、ATM は繁華街、ショッピングモール、BTS の駅などどこでも見かける。

そして、ATM は 3 台が 1 セットとして並んでいることが多い。出金専用、入金専用、そして記帳専用機である。日本で普及するフル装備の多機能の ATM は非常にコストがかさむが、単機能の ATM とすることで、コストが抑えられる。また、出金専用、入金専用と単機能の ATM にすることにより、紙幣のリサイクル（再利用）が不要となり、タイもだが、汚れた、くたびれた紙幣が多い国では、故障率も減少する。

ちなみにタイの10万人当りの ATM の台数は、117.2台（2017年、World Bank）と東南アジアでも突出している。

9-5 インドネシア

9-5-1 ライドシェアが牽引するキャッシュレス社会

(1) まずは金融包摂が課題

インドネシアは中国、インド、アメリカに続く2億6,000万人以上の人口を誇り、加えて継続的な経済成長により、2030年の GDP は日本に続く、5位に躍進すると予想されている。そして、ジャカルタ中心部には高層ビルや大規模なショッピングモールが立ち並び、世界トップクラスの交通渋滞の街である。

経済成長は続くものの、金融的な側面では、銀行およびモバイルウォレットの口座保有率は50%に達せず、クレジットカード利用率も約2%という現金決済が中心の国であり、金融包摂が大きな課題でもある。

その半面、経済成長の結果、所得も物価も上昇したものの、最大価値の紙幣10万ルピアは日本円に換算すると約750円にすぎない。高額な買い物や高級飲食店での食事の際には、ルピア（現金）で支払うのは少々めんどうくさい。仲間内では、その桁数の間違いを防止するために、紙幣の色で識別し、赤○枚という表現を使っている。飲食店でも、100,000を100と3桁切り捨てた表示をしているところもある。

デノミの可能性もあるかもしれないが、広い国土をもつインドネシアの地方部では、ジャカルタでは切り捨てられてしまう桁数で生活している地域もあり、なかなか難しいようである。

一方で、携帯電話所有率は100%を超え、LINE や Facebook など SNS も若者を中心に日常生活の一部となっている。これらの状況は、Alipay や WeChat Pay が普及する以前の中国と似ており、国民から受け入れられる決済サービスが登場すれば、爆発的にキャッシュレス化が進展する可能性があ

る。

(2)　乱立する少額決済市場

メトロなどの交通機関が十分に機能していないジャカルタでは、自動車や
バイクが移動の中心となる。高速道路（日本でいう ETC）は Bank Mandiri
（マンディリ銀行）、駐車場は Bank Central Asia（セントラルアジア銀行：
BCA）の電子マネーが高いシェアを占める。

加えて、注目すべきは、Gojek、Grab というライドシェアサービスである。彼らは単なる移動・輸送手段から金融・決済領域へとビジネスを拡大している。

Gojek は Go Pay、Grab は華僑系財閥の Lippo Group（リッポーグループ）
と提携し、OVO という QR コード決済を提供している。

Lippo Group は、傘下に小売大手の Matahari Department Store（マタハリ・デパートメント・ストア）、Matahari Putra Prima（マタハリ・プトラ・プリマ）を有し、インドネシア国内で約400店舗の小売店を展開している。さらには、2015年には Matahari Mall（マタハリモール）を立ち上げ、EC にも参入している。

そのほか、通信系の TCASH（ティーキャッシュ）、XL TUNAI（エックスエルツナイ）など、ジャカルタでは QR コード決済は乱立している。店頭にはさまざまな QR コードの札が設置され、無駄なスペースであり、見栄えも良くない。また、消費者は自分の選ぶべき QR コードを探さなければならず、非常にめんどうである。

(3)　台頭するライドシェアサービス

ジャカルタの街角の至るところで、客待ちのバイク便が列をなしている。
ジャカルタではバイク便は庶民の日常生活の足である。その代表格が、インドネシア発の Gojek、そして東南アジア市場で Uber に勝利した Grab である（写真9-4）。

朝夕の通勤時には、サラリーマンを乗せたバイク便が街中を走り抜け、終業時の18：00頃のオフィスやショッピングモールでは、バイク便の客待ちの

写真 9 − 4　　Gojek、Grab の行列

著者撮影（2019年）

長い行列が至るところにある。

　言い過ぎかもしれないが、Gojek、Grab ともにドライバーは緑のジャンパーを着用しているため、朝、夕のジャカルタは緑の街にもみえる。

⑷　**インドネシア発のライドシェアの雄 Gojek**

　Gojek は、2010年に20人のドライバーで起業したベンチャーだが、現在ではドライバー数は65万人に達する。スマホアプリでドライバーを呼び出せ、行き先を指定でき、スマホでそのまま決済もできるなど利便性が向上し、ドライバーの写真、氏名の開示により安心感を確立したことが成功の要因である。

　最近では Gojek の幹部が金融系カンファレンスの基調講演にも登壇し、多くの聴衆を集めている。すでに、世界的に認知された大企業である。

　「Gojek のビジョンは助け合いのコミュニティを構築することであり、お金があるが時間はない人、時間はあるがお金がない人をマッチングし、お互いを幸せにすることを目指している。すでに Gojek はこのビジョンを実現しつつある。Gojek 創業前のバイク便のドライバーは暇を持て余していた。

そこで、もともとは人の移動を生業としていたバイク便を、買い物代行、飲食のデリバリー、さらにはマッサージ師を指定場所まで連れていくなど、余っている時間をお金に変えるサービスへと変貌させた。多少お金に余裕のある消費者は、世界有数の渋滞都市ジャカルタで自ら移動をする必要がなくなり、多少のお金はかかるが、移動による無駄な時間を失うことはなくなった」と述べている。

このように、お金がある人と時間がある人のマッチングは成立し、ジャカルタでの日常生活には欠かせないサービスへと成長した。当然のことながら、Gojek のサービスには支払が発生する。その決済を担うのが、Go Pay だが、現在では、Gojek での決済にとどまらず、小売店の少額決済にも進出し、インドネシアのキャッシュレス化の進展の一翼を担っている。

⑸　東南アジアのライドシェアの雄 Grab

ライドシェアの両雄のもう1つが、インドネシアだけでなく、シンガポール、マレーシアなど東南アジア全域で発展を続ける Grab である。Grab はインドネシアでは OVO と提携し、Lippo Group の1億人超の顧客を含め、決済だけでなく、保険、融資など金融サービスの拡大をねらっている。

Grab は東南アジア全域で、ドライバーが210万人、そして7,000万人がアプリをダウンロードしているが、この人数が金融サービスの潜在顧客でもある。ドライバーは、職業上、危険を伴い、安価な保険料であれば、保険にも加入する可能性は高い。

また、融資の審査も、ドライバーの給与を把握できるだけでなく、勤務実績などから人間性の評価も可能である。また、安定した Grab ドライバーという職を捨ててまで、借金を踏み倒す可能性は低い。

また、Grab はエコシステムの構築（アライアンス）にも積極的に取り組んでいる。KUDO（クドー）と提携し、チャージ拠点を増加させ、少額保険の CHUBB（チューブ）、さらには日本のクレディセゾンとも提携している。

⑹　地方都市で流行する EC 代行 KUDO

KUDO は実にインドネシアらしいサービスを提供している。インドネシ

アは EC の取扱量は年々増加している。しかしながら、発展途上であり、国土も広いインドネシアでは、経済格差、地域格差も激しい。

　KUDO は EC があまり普及していない地方部で、EC のエージェントサービスを展開している。店頭で PC を消費者に貸し出し、消費者はそこから EC で商品を注文する。場合によっては、操作の指導も行う。そして、支払は KUDO が一時的に立て替え、銀行口座もクレジットカードももたない消費者（Unbanked）は KUDO へ現金で支払う。また、商品の配達は注文者宅だけではなく、KUDO も指定できる。注文者は KUDO に注文商品をとりにいく、もしくは KUDO が配達時間を確認したうえで、注文者宅に届けている。

　この KUDO の EC エージェントモデルは、少子高齢化が進み、EC での注文が不得手な高齢者向けのサービスとして、日本の過疎地域でも適用できるモデルである。

⑺　中国 vs. インドネシア政府

　インドネシアも財界においては、Salim Group（サリムグループ）など華僑財閥が実権を握っており、中国企業との関係も強い。そして、政治においてはインドネシア系住民が実権を握っている。華僑とインドネシア系住民との関係が、少額決済領域でも垣間みえる。

　インドネシア政府は少額決済領域でシェアを握りつつある OVO（Grab）、GoPay（Gojek）に対し、Bank Mandiri（銀行）、Bank Rakyat Indonesia（インドネシア国民銀行：BRI、銀行）、TELKOMSEL（テルコムセル、通信）、PERTAMINA（ペルタミナ、石油）などの政府系企業を集結し、Link Aja!（リンクアジャ）という決済サービスを立ち上げ、勝負を仕掛けた。実は Grab は Alipay の、Gojek は Tencent（WeChat Pay）の資本が入っている。中国 2 大勢力の進出に対するインドネシア政府の備えとなっている。

9-5-2 多くのショッピングモールとアジア有数のコンビニの存在

⑴ エリアによる決済手段の違いと低所得者層へのキャッシュレス化の進展

ジャカルタ都市圏は東京23区とほぼ同じ面積、人口だが、約170のショッピングモールがある。ただし、国際的なブランドが出店する高級モールから、庶民的なモール、また、都市部、地方部（比較的低所得者が暮らす地域）など一口にショッピングモールといっても多種多様である。

高級モールである Grand Indonesia（グランドインドネシア）、ローカル色豊かな郊外都市コタの MANGGA DUA SQUARE（マンガドゥア・スクエア）を比較してみる。

顧客層、品揃えなどの違いもあるが、決済の観点からも明らかな違いがある。Grand Indonesia では、ほぼすべてのテナントで Visa、Mastercard などのクレジットカードが利用できるが、MANGGA DUA SQUARE では、クレジットカードが利用できる店舗はほぼない。そして、最近ではさまざまな QR コード決済サービスが乱立し、20%割引という大幅な値引きを含めたキャンペーン合戦を繰り広げている。現金決済だけであった比較的低所得者が暮らす地域にも、キャッシュレス化の波は届いている（写真9-5）。

⑵ 東南アジア最大のコンビニ Indomaret

インドネシアの小売の約80%は小規模なワルンと呼ばれる個人商店で約250万店あるといわれている。その一方、コンビニも、自動車で街を走ると、数百メートルに1店舗は見かける。ローカルの Indomaret（インドマレット）と Alfamart（アルファマート）である。店舗数は、Indomaret は約1万6,000店、Alfamart も約1万4,000店で、その数から街中でよく見かけることにも納得がいく。日系コンビニも進出しているが、セブン-イレブンが撤退したように、非常に苦戦している。

特に、Indomaret は、2020年には2万店に達する出店計画があり、東南ア

著者撮影（2018年）

ジアナンバー 1 のコンビニから、世界ナンバー 1 のコンビニを目指している。親日家の多いインドネシアにおいて、和食のさと、ミスタードーナツ、アンデルセンと日本に由来のある商品を扱っていることも人気の要因である。

　金融関連では、請求書払い、Western Union（ウエスタンユニオン）と提携する送金サービス、そして単独で i.saku（イサク）という QR コード決済サービスの提供も始めた。トップアップは Indomaret の店舗で行え、レジでキャッシュアウトも可能である。また、利用促進のために、Indomaret グループの社員の給与の一部は i.saku に振り込まれている。

　Indomaret はその店舗数もだが、インドネシア最大の華僑系財閥 Salim Group に属すため、財界での影響力も強く、少額決済領域での OVO（Grab）、Go Pay（Gojek）のライドシェアと Link Aja! の争いに、第三極として注目を浴びる存在になるかもしれない。

　さらには、国内津々浦々の約 1 万6,000店の店舗は、銀行口座保有率の低いインドネシアでは、送金の受取拠点として、また融資の返済拠点としても

魅力であり、身近な金融サービス拠点としての役割も期待される。

(3) 無人レジ店舗 JD.ID X-Mart が登場はしたが……

2018年8月、ジャカルタ北部の港町のオランダ風情が残る地域の高級ショッピンモール PIK Avenue に中国の Amazon とも呼ばれる EC 大手の京東商城（ジンドンしょうじょう：JD.com）のインドネシア現地法人 JD.ID が、JD.ID X-Mart をオープンさせた。顔認証と RFID タグの技術を用い、無人レジ店舗を実現している。

買い物には、事前準備として、スマホアプリのダウンロード、クレジットカードを含む個人情報の登録が必要となる。

入店時には、QR コードを表示し、ゲートにタッチする。同時に顔認証により、顔が登録され、顔（個人）と QR コードが紐づけられる。Amazon Go もだが、ゲートを通過することは、Suica、PASMO などに慣れた日本人や交通系 IC カードが普及するロンドン、シンガポール、香港などに生活する者にとっては、日々行う自然な動作であり、抵抗感はないが、交通系 IC 乗車券に慣れていないジャカルタ市民にとっては、どのように感じるかは疑問である。

入店すると、少々異様な雰囲気である。化粧品、飲料、スナック菓子、衣料品に至るまで全商品に RFID タグが貼付されている。購入の際には、この RFID が貼付された商品をもち、精算用の個室に入る。この個室には RFID リーダーが設置されており、商品ごとの RFID タグを読み取り、入店時に登録した顔との認証が行われる。時間にすると、数秒である。そして、精算が終了すると、個室から退出し、買い物は終了である。数分後には、スマホアプリにレシートが送付されてくる。

繰り返すが、無人店舗ではない。案内係が2人、店舗内にもスタッフが数人常駐している。レジ周りの作業を無人化することにより、消費者への対応、店舗内の適切な品出しや清掃などに作業をシフトし、UX 向上に注力している。実際、著者も、スタッフの案内のもと、買い物をした。インドネシアの国民性もあるが、スタッフの感じが良い店舗である。

しかし、本音をいうと、少々めんどうな店舗である。特に精算時に数秒だが個室に閉じこめられることにはかなりの抵抗感がある。また、店舗にとっても、商品一つひとつに RFID タグを貼付するには、かなりの手間と時間がかかる。人口2億6,000万人以上を有し、平均年齢が20代と若い世代が多いインドネシアでは対応可能かもしれないが、日本を含め、労働力不足の国での普及は難しい。加えて、RFID タグの単価の問題も残る。

9-5-3　経済成長とともに、増加する銀行店舗と ATM

⑴　増え続ける銀行の店舗、ATM

インドネシアは銀行の統合・合併は進んでおらず、多くの銀行が存在する。政府系の Bank Mandiri、Bank Rakyat Indonesia、Bank Central Asia、Bank Negara Indonesia（インドネシアネガラ銀行：BNI）が4大銀行といわれる存在である。

もともと、店舗、ATM の数が少なかったこともあるが、経済成長とともに、その数はいまだ飛躍的に増加しており、路面でもショッピングセンターでも多くの銀行の店舗、ATM を見かける。

⑵　ドライブスルーATM

世界有数の渋滞都市である自動車社会のジャカルタでは、ATM も自動車に乗車したまま利用できる。日本人が多く住むスナヤン地区では、Panin Bank（パニンバンク）のドライブスルーATM がある。また、ドライブスルーではないが、道路沿いの銀行の店舗や ATM は駐車スペースが完備されていることが多く、自動車社会に配慮されたジャカルタ独自のスタイルが形成されている（写真9-6）。

写真 9 − 6　Panin Bank のドライブスルーATM

著者撮影（2018年）

9−6　カンボジア

9-6-1　送金サービスがリテール金融を担う

⑴　米ドルとリエル2通貨が流通

　カンボジアの自国通貨はリエルだが、実際は米ドルが流通している。リエルは米ドルの補助通貨的な役割を担う。米ドルで支払うと、お釣りの端数がリアルで戻ってくる。現金での決済の場合は、リエル、米ドルの2通貨を扱うことになり、非常にめんどうである。

　そして、銀行口座保有率は低く、銀行の店舗、そしてATMも十分に行き渡っていない。しかしながら、携帯電話所有率は100％を超える。他の途上国と同様に、カンボジアも、通信会社がスマホを活用し、リテール金融の役割を担っている。キャッシュレス化以前に、金融包摂が課題である。

写真 9 - 7　Wing の代理店

著者撮影（2017年）

(2)　送金サービスから決済、銀行へ Wing

プノンペンの街を歩いていると、数百メートルごとに緑色の Wing の看板を見かける。Wing は国内には約5,000店の代理店をもつ。その代理店では、Wing のアカウントへのチャージができ、送金の受取拠点にもなる。見方によっては、これだけ身近なところに金融機関があるともいえる（写真 9 - 7）。

Wing は国内、海外への送金が主要サービスである。送金は相手先の携帯電話番号がわかれば可能である。カンボジアでは地方都市から、首都プノンペンへの出稼ぎ者も多い。そしてタイなど海外への出稼ぎ者も多いため、送金は必要不可欠なサービスである。

また、Wing は送金だけでなく、電話料金、上下水道料金、ガス料金などの公共料金を支払うこともできる。毎月のことであり、この公共料金の支払がスマホでできることは非常に便利である。

図表9－4　Wing の展開

Step 1	Step 2	Step 3
・モバイルトップアップ ・入出金 ・送金（国内外） 	・請求書払い 　電気・ガス・水道等公共料金、テレビの受信料、ネット通信料、新聞紙購読料、保険料、家賃、バス運賃 など 	・QRコード決済 　小売店2万以上、トゥクトゥク（三輪タクシー）、タクシーなど 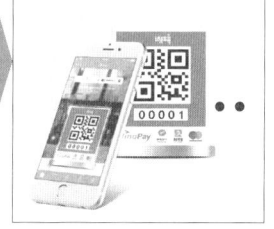
身近な送金の受取拠点として、なくてはならない存在	公共料金などの支払手段として、利便性を提供	豊富なユーザーをもったうえで、加盟店を開拓し、リアル決済にも進出

　さらに、QR コード決済の Wing Pay の登場である。レストランやショッピングモール、トゥクトゥク（三輪タクシー）など加盟店も徐々に増えている（図表9－4）。

　このほか、送金サービスとして、タイ資本の True Money も人気がある。タイからの送金の受取りに利用されている。

(3)　Wing 一強に勝負を挑む Pi Pay

　最近では、緑の Wing に対し、ピンクをイメージカラーとする Pi Pay という QR コード決済サービスも登場した。

　現在、加盟店を積極的に開拓しており、また50％割引などの大幅なディスカウントキャンペーンも実施し、ユーザーを増やしている。また、Alipay と提携し、中国からの観光客にも対応している。

　新興勢力である Pi Pay は、歴史ある Wing、True Money とともに、カ

ンボジアの金融包摂、そしてキャッシュレス化を牽引していくことになるだろう。

9-7 ミャンマー

9-7-1 政府、銀行への信頼度が低く、新たな金融サービスへの期待

(1) 銀行を信用しないミャンマー国民

銀行口座保有率は低く、銀行の店舗、そして ATM も十分に行き渡っていない。そして、何よりもミャンマーでは、1980年代の2度の通貨廃止、アジア金融危機時の2003年の民間銀行への取付け騒ぎの記憶もあり、政府、銀行への信頼感は低い。また、そもそも銀行は一般市民にとっては、近寄りがたい存在でもある。そのため、たんす預金も多く、現金主義国家である。

しかし、外資の通信事業者（Telnor（テレノール）、Ooredoo（オレドー））の参入により、通信価格が適正化され、携帯電話所有率は100％に迫り、民主化以降は、インターネットから、そして留学、出稼ぎなどの帰国者から海外の情報が入るようになり、若い世代を中心にその意識は変わりつつある。

そして、カンボジアなどほかの東南アジアの途上国と同様に、国内、そして海外からの送金は生活に必要不可欠なサービスであり、送金がリテール金融の中心である。

(2) 現金社会を支える Red Dot

街中を歩いていると、赤に dot という文字の看板、ステッカーが目につく。ミャンマーで現金社会を支え、リテール金融を担う Red Dot（レッドドット）である。小売店に設置した端末を通じて、プリペイド式携帯電話のトップアップ（入金して残高を増やすこと）、国内送金、公共料金や EC での

支払などに対応している。1万店以上の代理店をもち、1日に2万人以上のユーザーに利用されているミャンマー国民にとっては、身近な金融機関でもある。

⑶ モバイル金融サービスの登場

通信会社 Telnor と Yoma Bank（ヨマ銀行）が提供する Wave Money など、通信会社がモバイル金融サービスに参入している。

タイの True Money は、タイに正規、非正規をあわせて300万人いるといわれるミャンマー人労働者からの国際送金に対応している。

9-7-2 成長する小売と割賦販売

ヤンゴンは訪問ごとに、新しい道路、建物ができる。特に、小売店は日々きれいになり、外国人にとっても利用しやすくなりつつある。

小規模個人商店が中心のミャンマーの小売店だが、abc（エービーシー）、g & g（ジーアンドジー）、City Express（シティエクスプレス）などのチェーンコンビニも見かける。大通りでは、数メートル間隔で出店している。雑貨、お菓子、飲料なの品揃えは十分だが、物流が整備されていないことから、賞味期限の短いお惣菜などは見かけない。当然、現金での支払である。

また、大型のショッピングモールもある。定宿としているホテル前にある Myanmar Plaza（ミャンマープラザ）の家電量販店では携帯電話などの割賦販売も行われている。

東南アジアの他の途上国では、移動手段としてバイクが利用され、バイクの割賦販売のニーズが高いが、ヤンゴン市はバイクの侵入が禁止されているため、携帯電話、家電が割賦販売の対象商品である。

9-7-3 増え続ける銀行の店舗と現金主義の真の姿

主要銀行は Kanbawza Bank（カンボーザ銀行：KBZ）、Yoma Bank、Co-Operative Bank（協同組合銀行：CB）だが、合併・統合は進んでおらず、多くの銀行が存在している。

Kanbawza Bank、飲料王と呼ばれる MGS（Myanmar Golden Star：ミャンマーゴールデンスター）グループの Tun Commercial Bank（ツンコマーシャルバンク）の本店に行く機会があったが、本店は伝統的な建築物であり、大規模で格式も高い。

　しかし、その格式の高い建築物のなかでは、大多数の行員が大量の束になった現金を人海戦術で扱っており、現金社会の真実の姿を垣間みることができる（写真 9 − 8）。

　民主化後、店舗拡大の方針をとる銀行が多く、小規模な店舗が多いが、人が集まるエリアにはいくつもの銀行の店舗を見かける。

　ATM も同様にショッピングモールなどで見かけることが増えたが、故障していることが多い。ミャンマーの紙幣も汚く、疲弊している。通信環境の問題もあるが、汚い、疲弊している紙幣も故障の原因である。

写真 9 − 8　Kanbawza Bank の
　　　　　　バックオフィス

著者撮影（2016年）

9-8 ネパール

9-8-1 国際送金をベースとしたキャッシュレス社会

(1) 途上国の金融モデルを実現

ネパールでは GDP の27.8%（2017年）は海外の出稼ぎ者からの送金が占める。現在の出稼ぎ先は100カ国以上となるが、その歴史は古く、1814年のイギリスへのグルカ兵派遣までさかのぼる。1970年代以降には中東の産油国への出稼ぎが急増し、さらに、1996年からの失われた10年といわれる内戦により、政治・経済は大混乱となり、国内の就労先が激減し、若い世代を中心に労働者は中東、東南アジア、アメリカ、オーストラリアなどへと職を求めた。

現在、勇敢な戦士として名をあげたネパール人は、世界中で労働者として活躍する。そして、国際送金はネパールにとって最重要な金融サービスである。

ネパール国内に目を向けると、銀行口座保有率は低く、金融包摂は進んでいない。エベレストなどの観光が主要産業のため、外国人向けの店舗にはカード決済端末は導入されているが、ネパール国民向けの店舗では現金決済である。しかしながら、そのような現金主義のネパールでも、途上国なりの金融サービスが提供され、キャッシュレス化の足音も聞こえ始めている。

(2) GDP の27.8%を占める国際送金

海外への出稼ぎ者は家族の生活費、そして子供の学費を送金するために、国際送金サービスを利用する。日本でも、2010年に施行された資金決済法により、さまざまな国際送金サービスが登場したが、その成功要件は受取国での金銭の受取りの容易性である。送る側の国は先進国であり、金融インフラ（銀行店舗、ATM、および送金拠点）は充実している。そして公共交通機関も

写真 9 − 9　IME の送金の受取場所

著者撮影（2019年）

発展しているため、送る際に手間をとることはない。

　しかし、ネパールもだが、受取国は金融インフラが乏しく、移動も困難な途上国である。せっかく送ってもらった金銭も、遠くの拠点まで、時間とお金をかけて受取りに行く必要がある。ネパールは鉄道もなく、特に山間部の多い地方部での移動は困難を極める。

　国際送金サービスを利用する際には、日本人は手数料だけに目が行きがちだが、出稼ぎ者は、手数料ではなく、受取り時の容易性（時間とコスト）を意識する。つまり、いかに身近に受取拠点があるかが重要となる（写真 9 −9）。

⑶　金融インフラの欠如を補う Branchless Banking

　ネパールは首都カトマンズでも、銀行の店舗、ATM の数は少ない。その不足を補うべく、モバイル端末に ATM の一部機能（口座開設、入出金、振込み）を搭載し、現金の管理は人間が行うモバイル式の Branchless Banking（ブランチレスバンキング：無店舗銀行）と呼ばれるサービスが一般化している。店舗、ATM のない街では、有力者や小売店などがエージェントとな

写真 9 −10　集会場の
Branchless Banking

著者撮影（2017年）

り、また銀行員が定期的に集会所などを訪問し、銀行サービスを提供してい
る（写真 9 −10）。

　また、Branchless Bankingは2015年のネパール大震災の際にも活躍した。
Global IME Bank（グローバルアイエムイーバンク）は銀行の店舗、ATM は
崩壊したが、Branchless Banking を利用し、即日、被災者に銀行サービス
を提供した。

⑷　金融包摂を担うスマホアプリ

　ネパールの銀行・モバイルウォレットの口座保有率は、2011年の25.3％か
ら2017年には45.3％と飛躍的な伸びを示している（出典：World Bank）。こ
れは、銀行口座の保有率が伸びたわけではなく、モバイルウォレットの
e-Sewa（イーセワ）、Khalti（クハルティ）、IME Pay によるものである。そ

れらの主機能は電気、水道などの公共料金の支払であり、毎月、遠方まで支払に行く手間と時間を省けることが、その人気と普及の理由である。

ネパールも含むが、スマホによる QR コード決済は、最初から決済として登場するケースはまれであり、送金、そして公共料金の支払など日常生活に必要不可欠なツールとしての地位を確立した後、リアルに進出し、QR コード決済となる。著者の知る限りでは、QR コード決済という単機能だけで、いきなり登場したスマホ決済は日本だけである。

ネパールでは、IME Pay が十分な顧客を確保したうえで、レストラン、コーヒーショップで、QR コード決済を始めている。

9-8-2 国際送金で急成長する IME Group

⑴ ネパールの金融を牽引する IME Group

ネパールの金融サービスは IME（International Money Express）Group が牽引しているといっても過言ではない。その IME Group だが、2001年、ネパール人出稼ぎ者の母国への適切な送金を目指して創業された。当時の国際送金は高額な手数料であり、到着にも時間を要し、また悪徳な業者も多数存在していた。

IME Group の登場により、格安で即時に届く安心・安全な国際送金サービスの利用が可能となり、国外で働くネパール人、そしてネパール国内で生活する家族の日常生活は向上した。

現在、IME Group は事業の多角化に成功し、国際送金だけではなく、銀行、電子マネー、保険、貿易、旅行、IT、レジャー、コンビニ、自動車販売、農業、発電を展開するコングロマリットへと成長している。銀行以外は非上場のため、売上げ、利益等の数字は公表されていないが、ネパールのGDP の約27％は海外からの送金であり、IME Group は国際送金の約40％のシェアを占めることから、ネパールでの経済的な影響力は絶対的である。

「IME Garaun」（Let's Do IME）は世界各国のネパール人コミュニティで浸透するキャッチフレーズであり、「送金は IME で行おう」という意味であ

る。国際送金事業はネパール人が出稼ぎで働く国には進出し、進出国は100カ国以上となる。

　国内では地方都市を含め、全国津々浦々に3,000以上の拠点を有し、時間とお金をかけずにお金を受け取れる環境を構築している。

　さらに、2012年には Global IME Bank を設立し、銀行業に参入した。すでに133店舗、142台の ATM を有するネパール有数の銀行へと成長している。なお、Branchless Banking を利用し、過疎地域での金融包摂にも取り組んでいる。

　また、2017年に IME Pay をサービスインし、現在では1万5,000店以上の加盟店、100万人以上のユーザーを有する。個人間送金、QR コード決済だけではなく、公共料金の支払、医療機関や各種チケットの予約・支払の機能を有し、その利便性から高いシェアを占める。

　さらに2016年には IME Life Insurance（生命保険）、IME General Insurance（損害保険）を設立し、保険領域にも参入した。

　また、同年、小売にも参入し、IME My Mart（コンビニ）のチェーン展開をねらっている。現時点では20店舗にすぎないが、ネパールでは小規模な個人商店が多く、今後の成長が期待される領域である。すでに物販だけではなく、送金拠点、そして IME Pay のチャージ拠点としても機能するが、将来的には地域の身近な金融拠点というかたちでの発展も期待される。

⑵　IME Group の最大の強みは国際送金と IME Pay の融合

　IME Group の最大の強みは国際送金サービスと IME Pay をもつこと、つまり、国際送金と国内送金・決済サービスとを融合できることである。具体的には、海外の出稼ぎ者から IME Group の国際送金で送られてきた金銭価値を現金化することなく、IME Pay のアカウントに移動が可能である。そして、IME Pay で、公共料金の支払が行え、親戚に送金でき、加盟店では QR コードを用いて買い物もできる。これこそが、国をまたいだキャッシュレスである。

　また、IME Group にとっても、国際送金、国内での送金・決済ごとに手

数料を得ることができる。さらには、送金がネパールに入った時点から継続的に金銭の流れを把握でき、有効な顧客データを収集できる。

9-8-3 キャッシュレス進展の可能性

ネパールの紙幣は非常に汚く、疲れている。また最高額通貨は1,000ルピーだが、約1,000円にすぎず、中国のスマホ決済が普及した状況に近い。経済成長次第では、スマホ決済が爆発的に普及する可能性がある。

また、国内で紙幣を製造する技術力がなく、オーストラリアに委託している。そのため、紙幣の製造には外貨が必要になるのだが、外貨の蓄えは十分ではない。それが汚い、疲弊した紙幣が流通している理由である。紙幣の製造にかかるコストと比べ、遜色のないコストであれば、一気に仮想通貨（暗号資産）などが普及する可能性もある。そして、日本ではあまり知られていないが、ネパールは、アメリカ、オーストラリアからオフショアを請け負うなど、IT スキルは高い。

ネパールだけでなく、多くの途上国は、何もないからこそ、Leapfrog 的に、新しい仕組みが構築され、一気にキャッシュレス社会へと進展する可能性もある。

第 10 章

世界が教えてくれた
キャッシュレス社会へ向けた
道しるべ

10-1 LiveTech の再定義と決済の位置づけ

　まず、LiveTech を再度、定義する。LiveTech は日常生活を面で、購買プロセスを線でとらえ、日常生活の利便性の向上を目的とするコンセプトである。そのため、金融も決済も LiveTech の一部にすぎない。

　世界20カ国の決済、小売、EC、交通、銀行、リテール金融（モバイルウォレットなど）などを紹介してきた。各国の日常生活は単に先進国、途上国という経済的な側面だけではなく、その国の歴史、文化、国土、気候などが影響している。そして、それぞれの国がその状況に応じ、技術を活用して日常生活の利便性を向上させる取組み、つまり LiveTech に取り組んでいる。その結果、購買プロセスは進化し、結果として決済も進化を遂げ、キャッシュレス化も進展している。決済は単独で進化するものではない。

10-2 世界の決済を LiveTech の視点で振り返る

　世界20カ国のようすを、LiveTech の観点、つまり決済を主役としてではなく、日常生活の利便性の向上という観点で振り返る。今回、日常生活のレベルの違いから、3つのパターンで示す。

10-2-1 20世紀からの先進国

　まずは、欧州先進国、およびシンガポールなどの20世紀からの先進国である。

　EC も含め、デリバリーサービスが普及し、注文と同時に決済も完了し、決済という行為を意識することなく、買い物を行う機会が増えている。つま

り、購買プロセスのなかで、決済という行為は消滅し始めている。

　小売店でも、行列のレジに並ぶ必要はない。もし行列ができていれば、セルフレジを利用し、自分自身で精算を行うことができる。行列してもかまわなければ、有人レジを利用すればよい。その選択権は消費者がもっている。

　さらには、レジで立ち止まることなく、買い物ができる。また、精算時には買い物カゴを預けてしまえば、その間は自由時間となり、数分後には袋詰めと決済は完了している。

　購買プロセスにおいて、決済という行為は限りなく軽減され、小売店のレジで行列に並ぶという無駄な時間を過ごす必要はない。そして、その利便性を享受するためには、キャッシュレス決済が前提となる。現時点では、すべての国がこのレベルに到達はしてはいないが、目指している姿である。

10-2-2　中　　国

　2つ目は、急激な経済成長により、カード決済が急速に普及した後に、さらにスマホ決済へと進化した中国である。そもそも、中国はQRコード決済の普及を目指していたわけではない。経済成長のタイミングが、スマホの普及と重なり、スマホを中心とした電子社会が構築された。その結果、日常生活のほとんどがスマホアプリを通して行われ、買い物も、交通機関やホテルの予約、自治体の各種届出もスマホアプリで行われ、決済も同時に行われている。

　そして、取り残されてしまったものが、リアルの世界である。ただし、日常生活のほとんどがスマホアプリで行われるため、リアルでのQRコード決済が占める割合は大きくはない。今後、さらにスマホアプリが充実し、ECやデリバリーサービスの比重が増加すれば、QRコード決済の出番は減少していく。

　すでに中国の日常生活のほとんどがスマホアプリ内で、注文と同時に決済も完了しており、決済という行為を意識することは少ない。日常生活の利便性の向上とともに、決済という行為は減少している。

10-2-3 東南アジア・南アジア

最後に、東南アジア・南アジアの途上国だが、その国々の日常生活に密着するサービスが、日常生活の利便性を向上させ、付帯的に決済も、現金からキャッシュレスへと進化を始めている。

インドネシアでは移動手段としてバイク便が日常生活の足の役割を担っている。バイク便は人間を運ぶだけではなく、ランチ、さらには消費者の望むモノは何でも運ぶようになり、日常生活を送るうえで欠かすことのできない存在へと成長し、消費者の日常生活は飛躍的に向上している。

当然、これらのサービスに対して対価を支払う必要がある。銀行口座保有率が低いインドネシアでは、バイク便自身が決済手段の提供を始め、通勤・通学、そして飲食、買い物で利用され、その決済手段も日常生活には不可欠なものとなっている。バイク便はさらなる利便性の向上を目指し、その決済手段で支払える場所も増加している。

また、途上国の携帯電話所有率は高く、スマホを利用した送金サービスが普及している。出稼ぎ先の家族からの送金をスマホアプリで受け取り、そのまま電話料金、水道料金、学費などを現金化することなく、スマホアプリから支払う。現金を持ち歩き、遠くの銀行やキャッシュポイントまで行く時間と手間が省けている。さらに、インドネシアのバイク便と同様に、スマホアプリで支払える場所も増えている。送金がいったんスマホアプリのアカウントに貯まるため、現金化せずにその価値を流通したほうが、消費者、店舗、そして決済事業者にとって都合が良い。そのため、スマホアプリで支払える場所は増加しつつある。

10−3 キャッシュレス化に向けた日本の課題

　日本は、銀行口座保有率は高く、クレジットカード保有率も高い。つまり、だれもが何かしらのキャッシュレス決済手段を保有しているが、キャッシュレス決済比率は低い。

　日本では決済を点として扱うため、クレジットカード、QR コード決済などの手段を論ずることが主となり、消費者視点でのキャッシュレス決済による日常生活の利便性の向上が論じられることは限りなく少ない。そのため、消費者がキャッシュレス決済を利用したいという感情は、ポイント還元などの一時的な金銭的メリット以外では、生まれにくい。今回提言している LiveTech という視点はまったく欠けている。

　最近、日本では QR コード決済が世間を賑わせているが、すでにカード決済が可能な加盟店での導入も進めており、カニバリゼーション（カード決済と QR コード決済の競合）を起こしているにすぎない。もともとカード決済を利用していた消費者が、一時的に QR コード決済へと決済手段を変えただけではないか。このままでは新たなキャッシュレス決済の利用者の獲得も、消費者ごとのキャッシュレス決済の比率も、継続的に増えることはないだろう。

　新規の加盟店開拓だが、日本は、中国、アジア諸国と異なり、カード決済の歴史は長い。そのため、現在のカード決済環境を維持したうえで、キャッシュレス決済環境の整備が遅れている小規模店舗だけを対象に QR コード決済を普及させるべきである。しかし、現実は異なっている。シンガポールでは、大規模店舗やチェーン店ではカード決済、屋台などの小規模店舗は QR コード決済と役割を明確にしたうえで共存している。

　しかしながら、実のところ、キャッシュレス化の進展のためには、加盟店の新規開拓はそれほど重要ではない。ドイツ、スペインが象徴的だが、日本

と同様にほぼすべての国民がキャッシュレス決済手段を保有し、小規模店舗にもカード決済端末が普及しているが、キャッシュレス決済比率は非常に低い。

そして、日本と同様に、両国ではLiveTechという変革は起きておらず、決済手段は点として扱われていると感じる。

キャッシュレス化が進展すれば、中小小売店でも、企業努力として、機会損失を防ぐため、カード決済端末などの設備投資は行わざるをえない。現在の日本では、そこまでの環境に至っていないだけである。実際、mPOSであれば、初期費用はそれほどのコストはかからない。キャッシュレス決済が当たり前の日常生活が構築されれば、街の姿も自然と変わるはずである。

まず、日本がキャッシュレス化を進展させるために取り組むべき課題は、加盟店を増やすのではなく、キャッシュレス決済手段をもつが利用していない人に利用させ、消費者ごとのキャッシュレス決済比率を上げることである。

10-4 LiveTechで日本のキャッシュレス化を進展させる

それでは、どうすれば、キャッシュレス決済利用者の数を増やし、消費者ごとのキャッシュレス決済比率を向上させることができるだろうか。LiveTechというコンセプトを提言しているが、日常生活という面、そして購買プロセスという線の変革を起こすことで、決済は進化する、そして、おのずと、キャッシュレス化も進展すると著者は考えている。

今回取り上げた世界20カ国のベストプラクティスをもとに、日本のキャッシュレス化の進展に向けた7つの施策を提言する。今回提言する施策は決済事業者が単独で行えるものではない。LiveTechは、消費者を取り巻く、日常生活に密着した小売、飲食、交通、地域などの力を借りなければ実行でき

るものではない。

【施策1】 購買プロセスから決済という行為をなくす

　気づいていない人も多いが、日々、首都圏では多くの人がSuica、PASMOを利用し、乗車券を現金で購入することなく、電車、バスに乗車している。これもキャッシュレス決済である。決済という行為の意識をなくすことで、キャッシュレス化は進展する。

　欧米ではClick & Collect、アメリカではOrder Pickupと名称は異なるが、スマホアプリで事前に商品を注文し、店舗で商品を受け取るというサービスが普及している。日本でも、すでにスターバックス、マクドナルドが同様のサービスを提供している。レジに並ぶ必要はなく、指定時間に店舗を訪問すれば商品を受け取れる利便性の高いサービスである。決済は注文と同時に登録ずみのクレジットカードなどで完了し、決済という行為を意識することはない。

　日本では飲食店が先行しているが、欧米のようにコンビニ、スーパーマーケットでも提供可能なサービスである。コンビニであれば、出勤時間帯にはサンドイッチや飲料、ランチ時にはお弁当を、スマホアプリで事前に注文させ、指定時間に取りに来てもらうサービスは出勤前や昼食時の忙しい時には行列に並ばなくてすむため、消費者に喜ばれるはずである。

　さらなる効率化を目指すならば、コインロッカーのような棚を設置し、注文時に注文番号やQRコードを配布し、セルフで注文商品を取り出す仕組みも考えられる。当然、スーパーマーケットでも同様のサービスは可能である。

　なお、デリバリーサービスでもかまわないが、日本は労働力不足の問題を抱えており、現実的ではない。そのため、店舗にとりにきてもらうスタイルがベストと考える。

　また、このサービスは物販だけではない。中国の項でも紹介したが、レストランなどの卓上にQRコードを貼付し、これを読み取らせて、メニュー表

に遷移させ、そこで注文から決済までを行うサービスも魅力的である。当然、スマホアプリで注文だけでなく、決済も完了する。

また、タクシー、映画館やスポーツ観戦などあらゆる日常生活の場面で、事前にスマホアプリで予約し、決済までを完了させることができる。

以上は一例だが、決済を中心に考えず、日常生活の利便性が向上するサービスを提供し、消費者に注文と同時に決済までを一貫して行わせれば、おのずとキャッシュレス決済は利用される。冒頭でも述べたが、Suica、PASMO と同様に、決済という行為を意識することがないため、キャッシュレス決済を利用したくない、現金主義者の人々も無意識のうちに、キャッシュレス決済を行ってしまう。

【施策2】 圧倒的にキャッシュレス決済を便利にする

Click & Collect、Order Pickup のようなサービスを導入したとしても、リアルでの決済は残る。そこでは、購買プロセス全体を見据え、現金決済に比べ、圧倒的にキャッシュレス決済の利便性が勝るサービスを提供し、キャッシュレス決済へと誘導する必要がある。

たとえば、Self-Checkout である。機械が苦手、袋詰めがめんどうくさいなどの意見はある。しかし、有人レジの長蛇の列に並ぶよりは時間的にも、心理的にも楽なはずである。キャッシュレス決済を前提とした Self-Checkout を増設することで、行列のできる有人レジから、セルフレジに誘導することできるはずである。

ただし、消費者が操作に慣れるまでは、店員によるフォローが必須である。コスト削減や労働力不足の対応とは発想を変えなければならない。一度、操作が難しいなどの嫌悪感をもたれてしまうと、再度、利用してもらうためには時間がかかってしまう。また、自社カードを発行している小売店であれば、オランダの Albert Heijn のデビットカード専用レジのように、自社カード優遇のレジをつくってもよい。行列を避けるために、新規に会員になる者も出てくるだろう。

さらに、決済という行為をなくすことも可能である。シンガポールのhabitat のように、店内で買い物が終了し、買い物カゴを預け、決済と袋詰めが完了したら、受取りに行くというサービスは、大きく購買プロセスを変革している。同じ時間でも、行列に並び、レジ係の精算作業をみているよりは、有意義に時間を過ごすことができる。喫煙者であれば一服もできるし、子連れであれば子どもと遊ぶこともできる。habitat は IT 化により、このサービスを実現していると思うが、コストの問題があれば IT 化の必要はなく、バックオフィスの消費者からみえないところで、店員が袋詰めや精算作業してもかまわない。IT 化をアピールすることが目的ではなく、日常生活の利便性を向上させることが目的であることを忘れてはならない。

【施策3】　無人店舗を消費者の日常生活の利便性向上のために使う

　アジア諸国で稼働している多くの無人店舗は IT のアピールの場でしかなく、消費者に受け入れられているとは言いがたい。しかしながら、的確な立地、商品などの戦略を立案することで、消費者の日常生活の向上に貢献できる。

　場所であれば過疎地であり、早朝・夜間などの労働力が不足する時間帯であれば、消費者の利便性を向上させる機会はある。スウェーデンで成功している店舗を紹介したが、立地戦略の勝利である。

　ただし、店舗への入店や決済に手間がかかる仕組みは必要ない。気軽に利用できなければ、消費者は必ず離れていく。また、Amazon Go のように多大なコストをかける必要もない。ビジネスである以上、投資対効果が重要である。マレーシアの Iris Pay E-concept Store のような自販機の集合体や、規模によってはサンフランシスコの Bodega のようなボックス式で十分である。

　たとえば、コンビニの店舗の一部を改良し、閉店後は自販機の集合体やBodega のような仕組みで無人店舗を営業する。コンビニ内の無人店舗であれば、営業時間中も一部の商品は無人店舗で販売でき、店員の作業負荷も軽

減できる。また、コンビニの営業時間終了間際に、日々の状況に応じた品揃えが可能となる。当然、無人店舗では完全キャッシュレス化とし、早朝・夜間の無人店舗が流行すれば、日中の店舗でも、キャッシュレス決済の利用が進むはずである。

　余談だが、生体認証決済の可能性にも言及しておく。イギリスの項でも紹介したが、クローズ環境で、暗闇で手元がみえにくい、年齢認証が必要な場所では指や手のひらによる生体認証は有効である。日本でも、バーやクラブなどから展開を始めれば、利用者は増えるはずである。また、バーやクラブだけではなく、レジャー施設など非日常の場にも適している。生体認証は顔認証も含め、近未来では認証の中心となる技術であることは確実であり、ただ単に、戦略もなく、現金、カード、スマホ決済よりも手間と時間がかかるところで導入され、評判を下げることだけは避けてほしい。

【施策4】　地域全体で日常生活の利便性を向上させる

　施策1〜3により、個々の店舗、サービスごとのキャッシュレス化は進展する可能性はある。しかしながら、やはり点である。爆発的にキャッシュレス化を進展させるためには、面での対応が必要となる。さらには、その小さな面を相互利用などでつなぐことで、大きな面、つまり日本全土に展開することを考える必要がある。

　地方都市では、圧倒的な力をもつ地場企業がある。その地場企業のなかでも、日常生活に密着した小売、交通（バス、地方路線）などが中心となり、地域を面としてとらえ、キャッシュレス決済を推進するのが望ましい。

　すでに一部の地域では、自治体や信用金庫などが旗振りを行い、地域商店街で利用できる地域通貨を発行し、キャッシュレス化に取り組んではいる。しかし、ここでも、やはり、決済が中心の発想で、現金決済を QR コード決済に代替したにすぎない。消費者の日常生活の利便性が向上するかは疑問である。

　しかし、施策1であげた Click & Collect、Order Pickup のサービスを地

域全体で提供することで、消費者の日常生活の利便性を向上させることはできる。地域の商店街が連携し仮想スーパーマーケットとなり、スマホアプリでそれぞれの店舗の商品を注文すると、指定時間には、たとえば、駅前のロッカーに各店舗に注文した商品がそろって置かれ、消費者はそれを帰宅時に持ち帰るというサービスである。

また、近隣の飲食店が協力し、各店舗で顧客がQRコードを読み込み、遷移したメニューからは他店舗の料理も注文ができ、いろいろな店舗の料理が食べられるサービスも考えられる（料理を限定する、他店舗への注文は上限金額を限定するなどの考慮は必要）。

当然、これらのサービスはスマホアプリからの注文となり、決済も注文と同時に完了する。そして各店舗への支払も、電子的に行うことができる。さらには、地域で共通の決済手段を使うことになるため個人間送金の利用も期待できる。

【施策5】　キャッシュレス化から取り残される高齢者を救う

日本の銀行口座保有率は高く、クレジットカードも普及していることから、Unbankedの比率が3分の1といわれるアメリカのように、キャッシュレス化の反対意見が出ることはないだろう。しかし、高齢者はこの流れに取り残される可能性がある。LiveTechが日常生活の利便性の向上を目指す以上、高齢者を置き去りにすることはできない。

欧米先進国をみても、時代の流れとして、銀行の店舗、ATMは減少傾向であり、日本でもメガバンクのリストラ発表もあり、同じ道を歩むはずである。

移動手段をもたない地方部の高齢者にとっては、現金を手にすることも困難になってしまう。高齢者が銀行の店舗、ATMまで来られないのであれば、高齢者宅、少なくとも徒歩での生活圏まで、金融機関が訪問すべきである。すでに過疎地などでは移動式のスーパーマーケットも登場しており、移動式の銀行があってもよい。

ネパールの Branchless Banking の仕組みを利用し、金融機関が高齢者宅を定期的に訪問し、現金の入出金を行ってもらうことも可能である。また、キャッシュアウトサービスと位置づければ、金融機関だけでなく、移動式スーパーマーケットや宅配業者も、このサービスに参入できる。これこそが、少子高齢化問題を抱える日本流のキャッシュアウトサービスである。なお、Branchless Banking であれば、通信環境が整っている日本では、スマホ一つあれば十分であり、車載移動 ATM と比べると、コストは圧倒的に安価ですむ。

　また、Branchless Banking は震災時に銀行の店舗、ATM が崩壊した場合にも、利用可能であり、ディザスタリカバリの観点からも有効である。

　さらに、施策1、2で示したサービスはスマホを前提としたサービスである。IT 機器を苦手とする高齢者のなかには利用を避けてしまう人もいるだろう。その場合には、インドネシアの KUDO のモデルが適用できる。地域の社会福祉施設、もしくはボランタリズムのある企業・団体が、高齢者の注文を代行し、商品の受取り、場合によってはデリバリーサービスを請け負うことで、高齢者も LiveTech の恩恵を受けることができる。

　なお、KUDO のようなサービス事業者との精算方法については、現金でもかまわないが、高齢者の意識、スマホの操作可能なレベルによっては、先に示した Branchless Banking での高齢者宅への訪問時に一定額を入金したプリペイドカードを渡し、それを利用してもらう、もしくはスマホによる個人間送金で対応してもらいたい。キャッシュレス化の進展のためでもあるが、犯罪防止のために、自宅に高額の現金を置いてほしくない。

【施策6】　キャッシュレス化から取り残される可能性のある外国人を利用する

　もう1つ、キャッシュレス化の流れに取り残される可能性があるのが、外国人である。

　すでに日本では273万人（2018年末）の外国人が生活し、2019年4月施行の改正入管法により、さらに外国人の数は増加する。OECD 加盟国第4位

の外国人労働者を受け入れている日本では、彼らを取り残してはならない。

日本人でも海外では日本人街ができるように、彼らも、ある一定地域に固まって生活する。たとえば、2017年末時点で、8万38人のネパール人が日本で暮らすが、約500人は新大久保地域で生活している。母国語でスマホアプリを提供し、生活圏に加盟店を増やせば、彼らの日常生活の利便性は向上する。SNS好きの外国人のコミュニティでは、噂の伝達も速く、良いサービスであれば、ほかのコミュニティにもそのサービスは広がる。

なお、忘れてはならないのが、国際送金サービスである。ある一定以上の金額の決済を行うと、送金手数料を割引するなどの特典を与えれば、確実に利用は促進される。

もともと、外国人労働者の多くは、母国ではスマホによる金融サービスに慣れており、日本のキャッシュレス社会を牽引する可能性もある。

そして、人口が減少する日本では、今後、外国人労働者も重要な顧客となる可能性があることを忘れずに対応を願いたい。

【施策7】 決済環境を整備する

最後に、大きな効果は期待できないが、著者がお薦めする取組みを3点取り上げる。一つひとつの小さな取組みの積み重ねが、日常生活の利便性を向上させ、キャッシュレス化の進展にも貢献するはずである。

① 欧米型のカード決済端末を導入し、カード決済を主役とする

欧州では、カード決済端末は消費者のほうを向いている。消費者は店員にカードを渡すことなく、自分でカードを挿入し、PINを入力して決済は完了となる。このカード決済端末が設置されている店舗では、決済はカードが主役と感じる。表現を変えると、カード決済をしてほしいと感じる。

日本では、現金での決済が基本である。カード決済のためには、「カードで払います」という宣言が必要となり、その一言も恥ずかしく、めんどうくさい。些細なことだが、キャッシュレス化を遅らせている一因でもあると思う。

ぜひとも、欧州型の消費者に向いているカード決済端末を導入し、現金ではなく、キャッシュレス決済が主役であることを示してほしい。

　②　お洒落なカード決済端末を導入し、導入店舗を増やす

　サンフランシスコの Blue Bottle Coffee の例で示したが、店舗の雰囲気とマッチしたデザイン性のあるカード決済端末には魅力を感じる。お洒落な店舗で、真っ黒なカード決済端末が置いてあるよりは、店舗になじんでいることが望ましい。素晴らしいデザイン性のあるカード決済端末であれば、導入を考える店舗も増えるかもしれない。

　③　スマホの充電環境を整備し、消費者に安心感を与える

　スマホの電池切れの不安からキャッシュレス決済をためらう人もいる。QR コード決済、もしくは NFC、Felica 内蔵のスマホ決済が普及するにしろ、キャッシュレス決済の進化にはスマホはなくてはならない存在である。中国のようにスマホの充電環境を整備することは必須である。充電器のレンタル形式でも、コンビニ、携帯ショップ、駅などで気軽に充電できる拠点を提供するなど方式は問わないが、早急に取り組むべきキャッシュレス決済の進展のための前提条件である。

　以上が、「世界が教えてくれた日本のキャッシュレス社会への道しるべ」である。

　決済は主役ではなく、日常生活の一部である。そして、LiveTech により、決済は進化し、キャッシュレス化も進展する。2025年には、キャッシュレス化が進展しているとともに、日常生活の利便性が向上し、日本が暮らしやすい国となっていることを望む。

おわりに

　20カ国の決済、小売、銀行のようすを当時のメモ、写真をみながら、記憶を呼び戻し、本書を書き起こした。正直、つらい作業であった。ただ、20カ国にはそれぞれの思い出があり、懐かしくもあり、楽しくもあった。

　また、今回の20カ国以外にも、訪問したことがない南米、アフリカへの興味も増した。また、3年以上前に訪問したベトナム、韓国、オーストラリアなどの決済も気になる。再度、これらの国の日常生活を、このようなかたちで報告する機会をいただければと思う。

　正直いうと、私は海外ではクレジットカードを利用するが、日本国内ではほぼ現金主義者である。昨今登場したQRコード決済も利用していない。国内でも交通系電子マネーしか利用していない。ポイント還元などの囲い込み施策には興味がなく、現在の決済サービスに現金以上の魅力を感じていない。ぜひとも、この書籍をきっかけに、私を含む日本の現金主義者がキャッシュレス決済を利用したくなるサービスが登場することを期待したい。

　なお、今回本書の出版にあたり、海外での知見を得るきっかけを与えてくれた富士通株式会社流通ビジネス本部長代理の下村祐司氏をはじめ、現地での同行、通訳、有識者紹介などの支援をいただいた、新井弘之氏（株式会社クニエ）、山下隆浩氏（株式会社リオ代表取締役社長）、Raghu Nath Bhandari氏（Swift Technology（ネパール）CEO）、Steven Sunarno氏（PT ACE GLOBAL CONSULTING AND INTEGRATION（インドネシア）CEO）、Wisnu Hari Prabowo氏（同）および貴重な機会をくださり、丁寧な指導をしていただいた「月刊消費者信用」の浅見編集長には感謝の言葉しかない。この場を借りて、あらためて御礼申し上げたい。

2019年9月

安留　義孝

キャッシュレス進化論
世界が教えてくれたキャッシュレス社会への道しるべ

2019年12月9日　第1刷発行

著　者　安　留　義　孝
発行者　加　藤　一　浩

〒160-8520　東京都新宿区南元町19
発　行　所　一般社団法人 金融財政事情研究会
企画・制作・販売　株式会社きんざい
編　集　部　TEL 03(3355)1870　FAX 03(3357)7416
販売受付　TEL 03(3358)2891　FAX 03(3358)0037
URL https://www.kinzai.jp/

DTP・校正:株式会社友人社／印刷:株式会社日本制作センター

ISBN978-4-322-13516-9